Rudolf Thurneysen

Keltoromanisches Wörterbuch

Rudolf Thurneysen

Keltoromanisches Wörterbuch

ISBN/EAN: 9783337320607

Hergestellt in Europa, USA, Kanada, Australien, Japan

Cover: Foto ©Thomas Meinert / pixelio.de

Weitere Bücher finden Sie auf **www.hansebooks.com**

KELTOROMANISCHES

VON

RUDOLF THURNEYSEN
PRIVATDOZENTEN AN DER UNIVERSITÄT JENA.

. ...

DIE KELTISCHEN ETYMOLOGIEEN

IM

ETYMOLOGISCHEN WÖRTERBUCH DER ROMANISCHEN

SPRACHEN VON F. DIEZ.

HALLE.
MAX NIEMEYER.
1884.

MEINEM

HOCHVEREHRTEN LEHRER UND FREUNDE

J. CORNU

ZUGEEIGNET.

Inhalt.

Einleitung.

Mit immer wachsendem Erfolge macht in neuester Zeit die keltische Sprache ihre Ansprüche geltend, auch einen beträchtlichen Beitrag geliefert zu haben zum romanischen Wortschatz, zur Entwicklung romanischer Formen und Laute; und sie hat in Nigra, Schuchardt, Ascoli u. a. mächtige Fürsprecher gefunden. Dass es ihr nur mit Mühe gelingt, ihre rechtliche Stellung zu behaupten, ist grossentheils die Folge der Celtomanie früherer Zeit und des durch sie hervorgerufenen Misstrauens gegen alle keltischen Etymologieen. Dieses ist um so grösser, als nur Wenige im Stande sind, das Richtige von dem Wuste des Unhaltbaren auszusondern; nur wenige romanische Philologen haben Zeit genug übrig, sich dem Studium des Keltischen zu widmen. Denn wenn sich auch der Hauptvertreter des brittischen Sprachzweiges, das Cymrische, fast spielend lernt, braucht es doch auch mit den heutigen Hilfsmitteln viel Geduld und Musse, die Anfangsgründe der irischen Grammatik zu überwinden. Darauf sollten auch diejenigen mehr Bedacht nehmen, welche heute das Keltische wieder zu der Geltung zu bringen suchen, die ihm gebührt. Da die meisten Romanisten nicht in der Lage sind, das von dieser Seite Gebotene einer sicheren Kritik zu unterwerfen, müssen die Keltisten vor Allem darauf sehen, womöglich nur sichere Etymologieen zu bringen und nur solche Etyma aufzustellen, deren keltischer Ursprung durch Wortschatz, Form und Laute der verschiedenen Sprachen klargestellt wird. Diess scheint mir wenigstens für die erste Zeit, bis die keltisch-romanischen Theorieen eine feste Basis gewonnen haben, unerlässlich, damit das alte Misstrauen sich nicht von Neuem rege.

Ich betone diess, weil mir dieser Grundsatz in der letzten Zeit nicht streng genug befolgt worden zu sein scheint. Ein Beispiel für viele. Schuchardt (Zeitschr. f. rom. Phil. IV, 126)

1

vergleicht veltlin. *mácan* „Bursche" mit air. *macán*, Demin. von *mac* „Sohn, Knabe". Nun scheint gerade der Ausdruck **maqvos* **mapos* für „Sohn" speziell inselkeltisch zu sein. Es ist uns mehrfach überliefert, dass die Gallier dafür *gnatus*, resp. *gnatos*, gebrauchten (s. Diefenbach, Orig. Eur. S. 362; Stokes, Kuhn's Beitr. z. vergl. Sprachf. VI, 231); diess wird bestätigt durch gallische Eigennamen wie *Cintugnatus* „Erstgeborener" (Rev. celt. III, 163). Zwar erscheinen auch gallische Namen wie *Maponus Mapilus*; wir wissen aber nicht sicher, welche Bedeutung das zu Grunde liegende *map-* auf dem Festlande hatte. Jedenfalls war in der Mehrzahl der gallischen Dialecte ursp. *qv* in *p* übergegangen; es ist also sehr unwahrscheinlich, dass in *mácan* das keltische Wort erhalten sei. Gewiss liegt es näher, den Stamm von lat. *maccus* sard. *maccu* „thöricht, einfältig" beizuziehen (Diez, Wörterb. I. 382); die Benennungen unerwachsener Individuen männlichen Geschlechts sind ja häufig wenig schmeichelhaft. — Der Werth solcher Vergleichungen, die auf einem vereinzelten Worte irgend eines Dialects fussen, scheint mir ein sehr zweifelhafter; sie fördern die sichere Erkenntniss wenig [1]. Ich glaube diess aussprechen zu dürfen, ohne den grossen Verdiensten Schuchardts u. a. gerade auf diesem Gebiete der romanischen Philologie zu nahe zu treten.

Wer sich mit romanischen Etymologieen beschäftigt, beruft sich stets in erster Linie auf das fundamentale Werk von Diez; und so wird es vermuthlich noch lange bleiben. Das ist der Grund, weshalb ich mein Augenmerk zunächst auf dieses Buch gerichtet habe; hier gilt es vor Allem zu sichten und aufzuräumen, bevor weitere Constructionen auf keltoromanischem Gebiet aufgebaut werden. Die keltischen Etymologieen bilden, das kann man sich nicht verhehlen, die Schattenseite des glanzvollen Werkes. Dieser Vorwurf trifft nicht seinen Verfasser, der ja gerade in Bezug auf das Keltische mit fast übergrosser Vorsicht zu Werke gieng, zum Theil auch nicht seine Gewährsmänner wie Diefenbach, Pictet, Mahn u. a.; denn diese haben meist ihre Sammlungen zu einer Zeit angelegt, als die Gesetze der keltischen Sprachen noch wenig sichergestellt waren. Vielmehr liegt die Schuld an der Mangelhaftigkeit der damaligen Hilfsmittel, an dem schlechten Material, womit sie arbeiteten.

---

[1] Anderes s. unten s. vv. *bricco braca*.

Die von Zeuss begründete keltische Philologie hat erst allmälig ihre Früchte gereift. Früher war man zumeist auf moderne Lexica angewiesen, die dazu noch grossentheils ganz unzuverlässig waren. Man zog daher im Allgemeinen keltische Wörter in ihrer jüngsten Gestalt zur Vergleichung heran, nicht ganz selten sogar solche, die nur in der Phantasie der Lexicographen existierten. Dass dabei keine sicheren Resultate erzielt wurden, ist selbstverständlich. Die Folge davon war, dass gerade die unhaltbarsten Etymologieen als besonders einleuchtend erschienen, während die sicheren oft nur zögernd vorgebracht wurden.

Diez' Werk von solchen Schlacken zu reinigen, ist der Zweck dieser Untersuchung. Ich habe Wort für Wort des etymologischen Wörterbuchs durchgangen und jedes auch nur nebenbei erwähnte keltische Wort auf seine Existenz und auf seine Form hin geprüft. Zum Theil eine mühsame Arbeit; denn es ist meist leichter ein Wort zu belegen, als zu zeigen, dass es nicht vorkommt, zumal wenn man die Quelle nicht kennt, aus welcher es geschöpft ist. So braucht es oft langes Nachforschen, bis man zu dem kurzen Schlusssatz kommt: „existiert nicht".

Ich kann mir freilich nicht schmeicheln, überall zu sicheren Ergebnissen gelangt zu sein. Diess beruht zum Theil auf dem Mangel an Vorarbeiten. Zwar in Bezug auf das Irische ist man verhältnissmässig gut gestellt. Die ältesten Texte sind grösstentheils in sorgfältigen Ausgaben zugänglich und von den neueren Dialecten giebt es ziemlich zuverlässige Wörterbücher, so dass man sich nicht mehr auf O'Reilly's *Dictionary* und ähnliche zweifelhafte Machwerke zu verlassen braucht. Auch für das Bretonische[1] und Cornische fehlen lexicalische Arbeiten nicht. Schlimm steht es noch mit dem brittischen Hauptdialect, dem Cymrischen. Seit Davies' *Dictionarium* und den Nachträgen von Lhuyd fehlt ein brauchbares Lexicon durchaus. W. Owen Pughe's *National Dictionary* wimmelt von Phantasiewörtern, die nie existiert haben; auf ihm fussen Spätere, wie Spurrell. Einige Sicherheit suchte ich mir dadurch zu verschaffen, dass ich die

---

[1] Leider mangelt mir Jehan Lagadeuc's *Catholicon*, dessen neue Ausgabe durch Le Men (Paris 1868) bereits wieder selten geworden zu sein scheint.

mir unbekannten Wörter immer auch im englisch-cymrischen
Theile nachschlug, da hier die Wahngebilde zu fehlen pflegen
(so wurde auch bei den irisch-gälischen Dialecten verfahren).
Aber freilich ist es nicht wahrscheinlich, dass alle gebräuchlichen cymrischen Wörter im englischen Theile enthalten sind.
So mag ich denn hie und da die Existenz eines Wortes unrechter
Weise bezweifelt haben, auch etwa ein ir.-gäl. Wort für jung
erklärt haben, weil es zufällig in älteren Texten noch nicht
belegt ist. Ich glaubte, dass hier selbst eine etwas übertriebene
Kritik weniger schaden könne, als eine zu laxe. Hoffentlich
macht das Erscheinen von Silvan Evans' cymrischem Wörterbuch, das längst dem Drucke entgegenharrt, bald der Unsicher-
heit ein Ende! Für das Mittelcymrische ist von Werth ausser
dem in der *Grammatica Celtica* Enthaltenen das kleine Glossar
von R. Williams, das den Anhang des *Seint Greal* (London 1876)
bildet. Die Ausgabe der alten cymrischen Gedichte durch Skene
(*The four ancient books of Wales,* Edinburgh 1868) ist leider
nicht durchaus zuverlässig, was die Schwierigkeit des Verständ-
nisses der ohnehin oft dunkeln Poesie noch erhöht.

Wünschenswerthe Vorarbeiten wären ferner gewesen:

1. Ein vergleichendes Wörterbuch der keltischen Sprachen.
Manche Zusammenstellungen finden sich in der *Gramm. Celtica,*
andere in den verschiedenen Publicationen von Stokes u. a.;
von grossem Nutzen war mir auch Lhuyd's treffliche *Archaeologia Britannica:* aber ein zusammenfassendes Werk auf dem
jetzigen Standpunkte der Wissenschaft fehlt. Die betreffenden
Untersuchungen mussten daher in die nachstehende Abhandlung mit aufgenommen werden.

2. Eine vollständige Sammlung der zahlreichen romanischen
Lehnwörter in den brittischen Sprachen. Einiges hat J. Rhys
in der *Archaeologia Cambrica* 1873 und 1874 zusammengetragen.
Ich hätte mich vielleicht zuvörderst dieser Aufgabe zugewendet,
deren Lösung für die romanische und für die keltische Philologie gleich wichtig ist, wenn ich nicht vernommen hätte, dass
Schuchardt schon seit längerer Zeit, wenn ich nicht irre, dieses
Thema in's Auge gefasst hat. Möge er es rasch der Vollendung
entgegenführen! Für das Irische macht einen Anfang B. Güterbock, *Bemerkungen über die lateinischen Lehnwörter im Irischen,*
I. *Zur Lautlehre* (Leipzig 1882).

Also des Unsicheren und Zweifelhaften ist genug übrig

geblieben; aber ich habe mich wenigstens bemüht, dasselbe
stets mit einem deutlichen Fragezeichen zu versehen und die
Untersuchungen so zu führen, dass auch Romanisten, die sich
nicht speziell mit Keltisch beschäftigt haben, über Wahrscheinlichkeit und Unwahrscheinlichkeit zu urtheilen vermögen. Das
Schwergewicht der Arbeit liegt durchaus auf der keltischen
Seite. Nicht einen keltischen Stamm durch alle romanischen
Dialecte hindurch zu verfolgen, oder möglichst viele neue keltische Etyma aufzufinden, ist ihr Zweck, sondern die Ursprüng-
lichkeit, die älteste Gestalt und Bedeutung der von Diez als
keltisch angeführten Wörter festzustellen. Im Plane lag nur
eine Controlierung des etymologischen Wörterbuchs; es sollte
Schutt und Geröll, die sich allmälig auf dem Bauplatze ange-
sammelt haben, entfernt und die tauglichen Bausteine ausge-
sondert werden, womit ein neues, festes Gebäude gegründet
werden kann. Hie und da sind zwar auch neue Etymologieen,
die sich mir aufdrängten, aufgenommen worden; doch möchte ich
diess bei der Beurtheilung mehr als Beigabe betrachtet wissen;
an erster Stelle stand mir durchaus die Prüfung des Gegebenen.
Dabei war ich bestrebt, den Mittelweg einzuhalten zwischen
Celtomanie und Celtophobie; mich leitete Diez' Grundsatz: was
aus dem Lateinischen hergeleitet werden kann, ist nicht auswärts zu suchen. Freilich ist die Grenze der Erklärbarkeit je
nach den verschiedenen Anschauungen über Lautgesetze etc.
eine schwankende. Auch kann ich nicht leugnen, dass ich, an-
fänglich allem angeblich Keltischen mit Misstrauen gegenüber-
stehend, nach und nach zu der Ansicht mich bekehrt habe,
dass die Spuren des Keltischen in gewissen romanischen Dialecten sehr deutlich sichtbar sind.

Die keltischen Wörter, welche die romanischen Sprachen
in sich aufgenommen haben, stammen selbstverständlich aus
den festländischen Dialecten; das Inselkeltische kommt nur
bei späten Lehnwörtern in Frage. Nun ist uns aber von dem
Sprachschatze der continentalen Kelten sehr wenig erhalten:
eine beträchtliche Anzahl von Eigennamen und einige spärliche
andere Wörter. Diese genügen zwar, die engste Verwandtschaft
mit den Inselkelten zu constatieren; vom altkeltischen Wortvor-
rath aber können wir uns nur nach den erhaltenen Dialecten der
Letzteren einen Begriff machen. Auf diese müssen wir beim

Etymologisieren immer zurückgehn; und es ist also eine Frage von hervorragender Bedeutung für uns, ob sich etwa eine nähere Verwandtschaft eines dieser Dialecte mit dem festländischen Keltischen, zunächst mit dem gallischen, aufzeigen lässt, ob also einer derselben bei der Untersuchung des keltischen Einflusses auf das Romanische vor den anderen in's Auge zu fassen ist. Diese Frage wird fast durchgängig sehr bestimmt bejaht. Wir müssen etwas näher darauf eingehn.

Die neukeltischen Sprachen zerfallen in zwei Sprachstämme. Der erste wird entweder irisch genannt nach dem Gebiete, aus dem die ältesten Denkmäler stammen, und in welchem er in einer bestimmten Periode wahrscheinlich allein gesprochen wurde, oder gälisch, nach dem Namen, den sich die ihm zugehörigen Stämme selbst beilegten (air. N. Sg. *Goidel*). Ich bediene mich aus praktischen Gründen der ersteren Bezeichnung. Die modernen Vertreter dieses Zweiges theilt man hauptsächlich auf Grund ihrer geographischen Lage und der verschiedenen Orthographie, in der sie geschrieben werden, weiter ein in die keltische Sprache Irlands (neuirisch), der Insel Man (manx) und Schottlands, die ich nach recipierter Terminologie gälisch nenne, weil schottisch zweideutig ist. — Der zweite Sprachstamm ist der brittische, so genannt nach dem Namen, womit alle ihn sprechenden Völker sich oder ihr Land bezeichnen[1]; seine Verzweigungen werden wiederum nach äussern und innern Gründen eingetheilt in die Sprache von Wales (cymrisch), die von Cornwall (cornisch) und diejenige der nach Frankreich ausgewanderten Britten (bretonisch). Die beiden letzteren hängen besonders nahe zusammen. Uebrigens ist die Verwandtschaft innerhalb jeder der beiden Gruppen eine so enge, dass es schwer hält, die ältesten Sprachdenkmäler einem be-

---

[1] Vgl. cymr.-*brython* corn. *brethon* „Britten", bret. *breiz*, in Vannes *breic'h*, „Bretagne", alle auf *britt*- zurückgehend. Bret. *breton bretoun* „Bretagner" ist aus frz. *breton* entlehnt. Der cymr. Name *Prydain*, älter *Prydyn* und *Prydein* „Britannien" ist nicht aus lat. *Britannia* entstanden, indem, wie Evander W. Evans meinte, in der häufigen Verbindung *Ynys Prydain* „Insel Britannien" das *b* hinter *s* durch 'provection' zu *p* geworden; sondern es ist ursprünglich der brittische Name der *Picten*, gleich air. *Cruithn-ig Cruithen-tuath*, latinisiert *Crutheni* oder *Cruthenii*, der später mit lat. *Britannia* identificiert worden ist. Zu den Lauten vgl. air. *cruim* cymr. *pryf* „Wurm", beide aus *qvrimi-* (s. J. Rhys, Celtic Britain, London 1882, S. 237).

stimmten Dialecte zuzuweisen. Die Unterdialecte können wir hier übergehn.

Der brittische Sprachstamm soll nun nach fast allgemeiner Annahme dem gallischen besonders nahe stehn. Einen starken Ausdruck hat diese Ansicht in neuester Zeit in Körtings *Encyclopädie der roman. Philologie* I, 47 gefunden, wo als Unterabtheilungen des kymrischen[1] Zweiges *Gallisch, Wallisisch, Cornwallisisch, Bretonisch* geradezu gleichberechtigt neben einander aufgeführt werden. Worauf stützt sich dieselbe? „Hauptsächlich auf sprachlichem Wege", sagt Diefenbach (Orig. Europ. S. 148), „ist unsere Behauptung zu erweisen, dass die alten Bewohner beider Scotiae, d. i. Irlands und Schottlands, einen besonderen keltischen Stamm oder Hauptast bilden, der nirgends unter den Keltenmassen des Festlandes vorkommt, wir müssten ihn denn in den Kelten Iberiens suchen". Das Kriterium ist (S. 154) „der alterthümliche gaidelische Kehllaut gegenüber dem kymrobritonischen Lippenlaute, wodurch sich zugleich ein Schiboleth für altgallische Wörter ergibt". Ferner „kymrobritonische Wörter, Lautstufen und Formen überwiegen in den [überlieferten] altgallischen Wörtern". Der letztere Beweis ist hinfällig; von den zehn aufgeführten Vergleichungen ist mindestens die Hälfte aus lautlichen Gründen unhaltbar. Wir können ohne Weiteres darüber hinweggehn.

Als einziges Merkmal bleibt der Uebergang von ursp. *qv* in *p* im Brittischen und im Gallischen, während dasselbe im Irischen als *c* erscheint. Den parallelen Wandel von *gv* zu *b* theilt dagegen Letzteres mit den übrigen keltischen Sprachen. Auch diese letzte Stütze der gallobrittischen Theorie hat John Rhys, der einzige zeitweilige Bekämpfer derselben, zu stürzen gesucht[2]: Es sind uns auf brittischem Gebiete einige Ogaminschriften des fünften und sechsten Jahrhunderts erhalten, auf welchen mehrere Male die Zeichen für *qv* vorkommen. Ist aber der Wandel von *qv* zu *p* im Brittischen nicht vor dem sechsten Jahrhundert eingetreten, so kann er in keinem Zusammenhang mit derselben Erscheinung im Gallischen stehen, da diese uns

---

[1] Uebrigens ist *cymrisch* als Haupttitel unglücklich gewählt, da der Name *Cymry* die südlichsten Britten wohl nie umfasst hat, und da *Cymru* der spezielle Name für *Wales* ist.

[2] Lectures on Welsh Philology. London 1877; zweite Auflage 1879, S. 16 ff.

durch die Römer um Jahrhunderte früher bezeugt ist. — Gegen diese Beweisführung wendet sich d'Arbois de Jubainville (Rev. celt. III, 282 ff.): *p* für ursp. *qv* findet sich auch in der Sprache der ungefähr zwischen 450 und 550 nach der Bretagne übergesiedelten Britten; es ist doch sehr wahrscheinlich, dass dieser Wandel stattgefunden, als die Britten noch bei einander wohnten. Nun aber erscheint *qv* noch auf einer Inschrift des siebenten oder achten Jahrhunderts. Ferner scheinen zu der Zeit, aus welcher die Inschriften stammen, die Goidelen beträchtliche Stücke des später brittischen Gebiets innegehabt zu haben. Die Ogam-Inschriften sind daher wahrscheinlich irisch und nicht brittisch. — Den goidelischen Ursprung derselben giebt neuerdings auch Rhys[1] zu, betrachtet sie aber als von einer alteinheimischen goidelischen Völkerschaft stammend, was wir hier auf sich beruhen lassen wollen. Genug, das junge Alter von britt. *p* lässt sich nicht erweisen.

Dagegen stimme ich Rhys[2] ganz und voll darin bei, dass der Uebergang von *qv* in *p*, der sich ja in ganz unabhängigen Sprachen überaus häufig wiederholt hat, nur einen sehr unsicheren Stützpunkt bietet für die Classificierung der keltischen Dialecte. Uebrigens war er auch in Gallien nicht überall durchgeführt, wie die Namen *Sequana Sequani* zeigen. Wir dürfen uns also auf keinen Fall das festländische Keltisch als eine compacte Sprachmasse vorstellen, von der sich als von einem einheitlichen Dialecte sprechen liesse. — Das ganze Schema fällt in sich selbst zusammen, wenn Uebereinstimmungen des Irischen mit gallischen Dialecten nachgewiesen werden können im Gegensatz zum Brittischen. Und solche giebt es wirklich.

Eine lautliche Eigenthümlichkeit des Irischen besteht darin, dass es nach *r* und *l* die Medien so energisch ausspricht, dass sie häufig entweder doppelt geschrieben oder durch Tenues dargestellt werden, z. B. *ordd ort* aus lat. *ordo*, *aryyat areat* aus *argentum* (Gramm. Celt.[2] S. 60 f.). Ich weiss nicht, ob diese Erscheinung auch anderwärts beobachtet wird; jedenfalls ist sie nicht so gewöhnlich wie der Uebergang von *qr* in *p*. Dem

[1] Celtic Britain S. 212 ff.
[2] Lectures[2] S. 17. Trotzdem hat auch er sich neuerdings der Zweitheilung in Goidelen und Gallobritten zugewendet (Celtic Britain S. 211 ff.); seine Beweggründe verspricht er anderswo auseinanderzusetzen.

Brittischen ist sie unbekannt; dieses verwandelt die Media zunächst in die tönende Spirans, z. B. cymr. *urdd* bret. *urz*, secundär *urs* (aus *órdo*); britt. **aryant* (aus *argentum*), woraus cymr. *arian(t)* bret. *arc'hant* (altbret. *argant* geschrieben). — Nun hat Güterbock (Lat. Lehnw. i. Ir., S. 89 f.) nachgewiesen, dass ein ganz ähnlicher Process, wie im Irischen, in festländischen Mundarten stattgefunden haben muss. Die Römer haben den Kelten eine Wagenart *carpentum* und die Bezeichnung eines Gebirges *Alpes* entlehnt. Der Stamm des ersteren ist ursp. *carbento-* oder *carbanto-*, wie die Eigennamen *Carbantoracte Καρβαντόριγον* zeigen. *Alpes*, etymologisch nicht sicher zu deuten, ist höchst wahrscheinlich mit *Albion* nahe verwandt; vgl. griech. *Ἄλβια* neben *Ἄλπια Ἄλπεις* (Diefenbach, Orig. Europ. S. 225). Die Iren nennen den Wagen *carpat*[1]; der irische Name Schottlands (= *Albion*) wird bald *Albu*, bald *Alpa* geschrieben. Ganz ebenso müssen die keltischen Stämme, welchen die Römer *carpentum* und *Alpes* entlehnten, das *b* hinter *r* und *l* verhärtet haben.

Man könnte darauf hin die Iren und die Gallier als besonders nahe zusammengehörig betrachten. Zweifellos wäre diess ebenso falsch, wie die andere Ansicht. Die Wahrheit wird sein, dass es unter den vielen verschiedenen keltischen Völkerschaften, welche die beiden Gallien bewohnten, einige gab, die einst mit den Iren, andere, die mit den Britten enger zusammenhiengen, und gewiss auch dritte, die mit keinen von beiden speziell verwandt waren. Denn wir haben keinen Grund, uns das keltische Gallien in weniger Dialecte gespalten zu denken, als etwa später das romanische.

Ein weiteres Argument gegen die Loslösung des irischen Stammes von den übrigen Kelten böte der Nachweis von Congruenzen des Irischen und des Brittischen gegenüber dem Gallischen. Rhys hat einige Punkte hervorgehoben, so den Uebergang des südeuropäischen und gallischen *o* in *a* (Lect.[2] S. 21 f.), den Schwund des intervocalischen *s* (S. 25 ff.). Es liesse sich noch Einiges hinzufügen. Der Diphthong *eu* (und *ou*) wird im Brittischen und Irischen durchgehend zu *ō*, woraus später britt. *ū*, ir. theilweise *ua*; z. B. der westeurop. Stamm **teutā* „Volk, Staat"

---

[1] Cymr. *cerbyd*, altbret. Plur.(?) *cerpit* ist entlehnt, wie die erhaltene Lautgruppe *rb* (*rp*) zeigt.

wurde im Inselkeltischen zu *tôtd, woraus cymr. *tud* ir. *tuath.* Im Gallischen ist diese Entwicklung nur dialectisch, vgl. gall. *Teutates* Τοουτιους *Toutiorix Tolia Tulius.* Ebenso ward ursp. *ei* irisch und brittisch zunächst zu *ê*; dagegen gall. *Divorora Divona* neben *Dévognatus* u. a. m. — Allein Rhys betont mit Recht, dass solche Uebereinstimmungen für ursprüngliche Verwandtschaft nichts beweisen; sie können durch die Nachbarschaft der beiden Gebiete bedingt sein.

Es ist ein weiterer Einwand zu erwarten: Ascoli[1] habe eine solche Aehnlichkeit in der Lautgebung des Brittischen und des Galloromanischen nachgewiesen, dass die Zusammengehörigkeit der Britten zum Festlande nicht geleugnet werden könne. Prüfen wir auch hier die einzelnen Punkte näher!

1. (S. 19 ff.) Das Keltoromanische nördlich der Pyrenäen lässt lat. *û* in *ü* übergehen; ebenso ist das Brittische mit ursp. *û* verfahren, nur dass in den überlieferten Sprachen das *ü* weiter zu *i* verschoben erscheint. — Ist das brittische *ü* alt? Ich vermag es nicht sicher zu entscheiden. Das *û* der ältesten lat. Lehnwörter wird wie das einheimische behandelt, vgl. cymr. *cib-yn* bret. *kibell* aus *cûpa cûpella*, bret. *dir* aus *dûrus*. Ob die Britten gleich von Anfang an *cûpa dûrus* gesprochen, lässt sich nicht bestimmen. Jedenfalls weist die Uebereinstimmung der drei brittischen Dialecte darauf hin, dass *i* für *û* ziemlich weit hinaufreicht, also *ü* noch beträchtlich weiter. Zu beachten ist jedoch der Nom. Sg. der *ôn*-Stämme. Auslautend -*ô* war im Keltischen zu -*û* geworden; deshalb schreiben die Gallier *Frontu* für lat. *Frontô.* Es begriffe sich auch leicht, wenn die Britten lat. *latrô dracô* als *latrû dracû* aufgenommen hätten. Zweifelhaft scheint mir dagegen, ob sie sie ohne Weiteres zu *latrü dracü* umgestaltet hätten, wenn schon damals ursp. -*ô* sich zu -*ü* entwickelt gehabt hätte, da diese lautlich schon weiter abliegen. Auf jene Mittelformen weisen sicher cymr. *lleidr draig* (älter *dreig*), zunächst aus *latri *draci.*

Viel verdächtiger ist das Alter von gall., resp. gallorom., *ü.* Am häufigsten ist gall. *û* belegt in -*dûnum* „befestigte Anhöhe, Burg" als zweitem Element vieler Ortsnamen = ir. *dûn* cymr. *din.* Und dieses -*dûnum* wird in einem ausgedehnten galloromanischen Gebiete behandelt, als ob es -*dônum* lautete, vgl.

---

[1] Una Lettera Glottologica (Turin 1881), namentl. S. 19 ff.

Laon Lyon aus *Lugudûnum*, *Verdon* aus *Eburodûnum* etc. Nun
ist sehr wohl begreiflich, dass -*ûno* dialectisch zu -*ôno*, resp.
-*on(o)*, werden konnte; aber von -*ûno* zu -*on* scheint mir der
Weg zu weit. Dazu kommt, dass die Griechen niemals -*ôvror*
für -*ôvror* schreiben; vgl. besonders Dio Cass. XLVI c. 50: Τὸ
Λονγούδονγον, *vῦr* δὲ Λονγόδοννον (nicht -*ôvror*) καλούμενον
(Diefenbach, Orig. Eur. S. 325). Dass nicht einzelne gallische
Dialecte *û* als *ü* oder mit Hinneigung zu *ü* gesprochen haben,
kann ich natürlich nicht beweisen; aber dass *û* nicht gemein-
gallische Aussprache war, scheint mir sicher.

2. (S. 26 ff.) In einem Theil der galloromanischen Dialecte
diphthongiert sich lat. *ḗ* und *í*, rom. *ẹ́*, zu *ei* (*ai*, *oi*), lat. *ṓ* und *ú*,
rom. *ọ́*, zu *ou* (*au*, *eu*) und wird lat. rom. *á* zu *e* (wohl durch die
Mittelstufe *ae*). Im Brittischen wird *ē* zu *oi* (*oe*, *ui*), *ō* zu *û*,
â in nachrömischer Zeit zu *ô*, woraus zum Theil cymr. *au*, corn.
bret. *eu*, secundär auch *e*. Der Parallelismus ist also ein sehr
geringer; nur die Behandlung von *ê* bietet einige Aehnlichkeit.

Doch vielleicht liegt die Gleichartigkeit tiefer. Die Diphthongierung langer Vocale ist nichts speziell Brittisches; auch das
Irische kennt sie. Hier wird *ô* zu *ua*, *ê* vor dumpfen Vocalen
zu *ia*. Diess beruht auf der inselkeltischen Betonung langer
Vocale überhaupt. Sie scheint eine zweigipflige gewesen zu
sein, was wohl meist als Vorstufe der Diphthongierung voraus-
zusetzen ist. Im Altirischen weist darauf hin, dass nicht selten auch nicht-diphthongierte lange Vocale doppelt geschrieben
werden, namentlich in einsilbigen Wörtern, z. B. *lìam lùàm*[1]
(Hand), *dèe* (Gen. von *dia* „Gott"), *tìir* (Land), *soos* (neben *sùas*
„hinauf, droben"), *rùun ruìn* (Geheimniss). Jeder der beiden
Accentgipfel bekam gleichsam seinen eigenen Vocal. Diese Betonung dürfen wir vielleicht auch für das festländische Keltische
ansetzen; so würde sich der grosse Hang der Galloromanen
zum Diphthongieren gut erklären.

Immerhin darf man nicht aus den Augen verlieren, dass
die einzelnen Bedingungen im Romanischen und im Inselkeltischen verschiedener Art sind. Im Romanischen diphthongieren sich die geschlossenen Vocale, gleichviel ob sie ursp.

___

[1] Das Längezeichen ´ wird beliebig bald über den ersten, bald über
den zweiten Vocal gesetzt, ebenso bei den Diphthongen; es bezeichnet
nur die Länge der ganzen Silbe.

lang oder kurz sind, im Inselkeltischen nur die langen; im
Romanischen nur in offener Silbe, im Inselkeltischen auch in
geschlossener. Vielleicht lässt sich auch dafür eine Auskunft
finden. Die romanischen Sprachen haben eine öfters constatierte
Neigung, allen Silben gleiche Quantität zu geben. Es ist also
wohl möglich, dass die offenen Silben im Vulgärlatein etwas
gedehnt wurden, um sie den consonantisch anslautenden gleichwerthig zu machen; diese Dehnung war um so beträchtlicher,
wenn der Wortaccent die Silbe traf. Hier fanden also die
Gallier etwas längere Vocale vor, die sie mit ihrer einheimischen Betonung sprachen und so theilweise nach und nach
zu Diphthongen umwandelten. In geschlossener Silbe dagegen
waren und blieben die Vocale kurz oder mittelzeitig. Anders
verhält es sich mit den offenen Vocalen, die ja den Kelten
schon grossentheils in diphthongähnlicher Gestalt überliefert
wurden.

Diess Alles ist nicht mehr als eine Möglichkeit; aber jedenfalls lässt sich aus diesem Punkte für den näheren Zusammenhang speziell der Britten mit dem Festlande nichts Wesent-
liches gewinnen.

3. (S. 36 ff.) In einigen galloromanischen Dialecten wird
auslautendes g (und c) nach Consonanten zu einer palatalen
Affricata. Damit vergleicht Ascoli (S. 38), wenn ich ihn recht
verstehe, die oben besprochene Aspirierung der brittischen
Medien nach r und l. Ich kann in den beiden Erscheinungen
keinen Parallelismus finden. Im Romanischen handelt es sich
speziell um gutturale Laute, Media oder Tenuis, im Auslaut,
gleichviel welcher Consonant vorhergeht; im Brittischen um alle
Medien, speziell nach r und l, gleichviel ob auslautend oder
inlautend. Das Resultat ist nur ein ähnliches, wenn britt. und
rom. g nach r oder l im Auslaut steht. Aber diess ist augen-
scheinlich reiner Zufall; denn es beruht auf ganz verschiedenen
Gesetzen.

Die übrigen von Ascoli berührten Erscheinungen, die Aspiration der intervocalischen Medien, den Wandel von ct zu cht,
theilt das Irische mit dem Brittischen; sie kommen also für
unsere Frage nicht in Betracht.

Das Ergebniss dieser Untersuchung ist, dass kein zureichen-
der Grund vorhanden, keltoromanischen Untersuchungen vornehmlich die brittischen Dialecte zu Grunde zu legen. Im

Gegentheil wird das Hauptgewicht auf die irische Seite fallen. Denn die Sprache der Britten, welche Jahrhunderte lang unter römischer Herrschaft gestanden haben, ist so mit lateinischen Elementen durchtränkt, dass man z. B. keine drei Zeilen eines cymrischen Buches lesen kann, ohne irgend einem mehr oder minder verkappten Eindringling aus Latium zu begegnen; gar nicht zu reden vom Bretonischen, in welches seit der ersten Zeit der Uebersiedelung fortwährend eine Menge Worte aus den benachbarten romanischen Gegenden eindrangen[1]. Das Altirische ist viel freier von dieser Beeinflussung und hat in Folge dessen eine weit grössere Menge altkeltischen Sprachguts bewahrt. Wir können also erst dann den keltischen Ursprung eines Wortes für einigermassen erwiesen halten, wenn es in beiden Sprachstämmen oder aber im Altirischen belegt ist, und wenn es seiner Lautgestalt nach keiner Entlehnung verdächtig ist.

Selbstverständlich ist die Thatsache, dass ein Wort im Inselkeltischen nicht vorkommt, durchaus kein Beweis, dass es nicht einem festländischen keltischen Dialect entstammt. Denn der Sprachschatz Galliens und Brittanniens wird nicht völlig identisch gewesen sein, und manches Ursprüngliche wird sich auf den Inseln verloren haben. — Ist ferner ein Wort sicher als keltisch nachgewiesen, so ist damit nicht gesagt, dass es auf dem ganzen Gebiet, auf dem es im Romanischen vorkommt, früher bei den Kelten in Gebrauch war. Vielmehr wird zunächst in einer einzelnen Gegend oder auch in mehreren gleichzeitig irgend ein Wort des einheimischen Dialects in die neue Sprache eingedrungen sein und sich dann weiter und weiter durch das romanische Gebiet verbreitet haben. Wir können also vereinzelt keltische Abkömmlinge auch auf durchaus unkeltischem Gebiete antreffen.

Man wird schon aus den obigen Erörterungen ersehen haben, dass, wenn ich auch der von Ascoli adoptierten britto-gallischen Theorie widersprechen zu müssen glaubte, so doch sein Versuch, Einfluss der einheimischen Sprache auf das Romanische nachzuweisen, mir durchaus berechtigt scheint. Freilich ob die galloromanische Aspiration intervocalischer Mediae,

---

[1] Alte Lehnwörter s. unten s. vv. *macco, rallo, rocca.*

speziell der Uebergang von g in $\gamma \gamma' j$, auf keltischem Vorbild beruht, ist mir sehr zweifelhaft. Zwar sind im Inselkeltischen die Mediae zwischen Vocalen alle zu Spiranten geworden; und auch für das Festland lässt sich dieser Vorgang nicht bestreiten; ja hier war er dialectisch schon so weit vorgeschritten, dass bei Annahme des Romanischen intervocalisches g vollständig geschwunden war (s. unten s. v. *andare*). In diesen Dialecten konnte also das geschwundene g die Aussprache des lateinischen nicht mehr beeinflussen. Namentlich aber ist die Assimilation einer Explosiva an die umgebenden Vocale durch Erweiterung des Mundverschlusses zu einer blossen Verengung eine so nahe liegende und gewöhnliche, dass sie keiner auswärtigen Erklärung bedarf; auch die Neigung der tönenden gutturalen Spirans zur Palatalisierung (j) ist sehr häufig constatiert.

Mehr Beachtung verdient die Behandlung, welche die Lautgruppe *ct* auf dem ganzen keltoromanischen Gebiet nördlich und südlich der Pyrenäen erfahren hat (Ascoli a. a. O. S. 41). Die Ascoli'sche Entwicklungsreihe *ct* χt $\chi' t$ [$\chi' t$ oder jt] jt, woraus je nach den Dialecten *jt, jc'* oder *c'* [1], verdient den Vorzug vor derjenigen Thomsen's, der directe Assimilation von *ct* zu *tt* annimmt. Darauf führt nicht nur d. *wahta* frz. *gaite* prov. *guaita*, sondern namentlich die Form, in welcher d. *leid* im Provenzalischen auftritt; neben *lait* finden wir *lah* (Bartsch, Chrestom.[1] 41, 30), *lag* (110, 6; 355, 14), *lach* (271, 19), *laich* (242, 30) geschrieben. Also hier ist deutlich *c'* oder *jc'* aus *-jt* (*-jd*) entstanden. Dass in frz. *moitié* aus *medietáte *mejtade das *t* palatalisiert worden ist, in span. *mitad* aber nicht, wird darauf beruhen, dass im Norden der unbetonte Mittelvocal früher ausgefallen ist. Von *ct* zu *jt* führt der Weg aber nothwendig über χt, das wir also als erste Zwischenstufe ansetzen dürfen.

Im Inselkeltischen ist ursp. *ct* durchweg zu *cht* geworden oder vielmehr zu *chtt* mit geschärftem *t*, da altirisch öfters *tt* geschrieben wird; die brittische Entwicklung von *chtt* ist *jth*, z. B. Stamm *noct*- „Nacht": air. *nocht* britt. *noith (altcymr. *noid* geschrieben) neucymr. *noeth*. Wichtig für uns ist, dass dieser selbe Vorgang für das Festland bezeugt ist. Der Name *Lucterius*

---

[1] Mit *c'* bezeichne ich die Reihe der Affricaten von *t' χ'* bis *tš*, mit *t'* die palatale Explosiva.

bei Caesar wird auf einheimischen Münzen LVXTIIPIOS geschrieben mit eigenthümlicher Mischung griechischer und lateinischer Buchstaben; auch sonst finden wir mehrfach XT in keltischen Namen, welche die Römer mit CT wiedergeben[1]. Es kann kein Zweifel obwalten, dass X der griechische Buchstabe χ ist, der auch nach Acceptierung des lateinischen Alphabets theilweise beibehalten wurde; wäre xt gesprochen worden, so hätten die Römer gewiss nicht ct geschrieben. Warum aber gebrauchten die Letzteren nicht cht? — Sicherlich nur deshalb, weil cht ihrer Sprache eine unerhörte Lautgruppe war. Sie haben wohl ch als Umschreibung von griechisch χ adoptiert und geben auch damit deutsches ch wieder in Namen wie Cherusci. Aber vor t kommt ch im Griechischen nicht vor, nur vor th (ϑ), und gr. χϑ entsprach lautlich dem gallischen χt wahrscheinlich noch weniger als lat. ct. Auf demselben Grunde beruht es, dass die altir. Schrift lange zwischen der Schreibung cht und ct (ctt) schwankt, obgleich die Aspiration des c aus viel früherer Zeit datiert. Aehnliches finden wir auch sonst im Altirischen. Die tonlosen Spiranten werden von Anfang an von den Tenues durch beigesetztes h unterschieden, also ch th gegenüber c t; dagegen werden die ebenso alten tönenden Spiranten, gleichwie die Mediae, durch einfaches b d g bezeichnet; erst viel später, im Mittelirischen, treten die Zeichen bh dh gh für die Spiranten ein. Offenbar hat diess darin seinen Grund, dass das von den Iren adoptierte lateinische Alphabet wohl die Buchstabenverbindungen ch th, nicht aber bh dh gh kannte[2].

Wie weit die Aussprache cht auf dem Festlande verbreitet war, lässt sich nicht bestimmen; denn auch die Kelten bedienten sich meist der lat. Schreibung CT. Es ist wohl möglich, dass der Wandel von ct zu cht eine alte, gemeinkeltische Erscheinung ist. Da nun alle Keltoromanen lat. ct zunächst zu cht verschieben, ist die Annahme nicht zu gewagt, dass die Kelten von Anfang an für vulgärlat. facto cocto etc. fachto cochto sprachen, indem sie die ihnen ungeläufige Lautgruppe mit einer einheimischen vertauschten.

---

[1] Die Beispiele sind gesammelt und besprochen von d'Arbois de Jubainville, Études grammaticales sur les langues celtiques, S. 35*.

[2] D'Arbois de Jubainville will in lat. ct für XT dialectische Abweichung, Güterbock in air. ct neben cht Spuren einer älteren Aussprache sehen; beide gewiss mit Unrecht.

Auch sonst lassen sich wohl noch einzelne Spuren des keltischen Einflusses auf die Aussprache nachweisen. Man mag frz. *caitif chaitif chétif* prov. *caitiu* drehen und wenden, wie man will, auf lat. *captivus* sind sie direct nicht zurückzuführen. Im Inselkeltischen ist ursp. *pt* in *cht* (*chtt*) übergegangen, also mit ursp. *ct* zusammengefallen; vgl. lat. *septem* air. *secht* cymr. *saith* (älter *seith*) etc. Demselben Schicksal verfällt *pt* in den ältesten lateinischen Lehnwörtern, z. B. ir. *aicecht* aus *acceptum*. — Lat. *captivus* „Kriegsgefangener" mag eines der ersten in Gallien aufgenommenen romanischen Wörter sein, da ja die erste Berührung mit den Römern vornehmlich im Kampfe bestand, wobei der Austausch der *captivi* eine grosse Rolle spielen musste. Liegt es nicht sehr nahe, dass die Gallier das unsprechbare Wort ebenso behandelten wie die Inselkelten ihre Lehnwörter in ähnlichen Fällen, d. h. dass sie es zu **cachtivus* umgestalteten? Aus **cachtivus* erklärt sich prov. *caitiu* und frz. *chaitif* auf's Schönste; das einmal aufgenommene Wort verblieb in seiner alten Gestalt, auch als die romanische Sprache die Oberhand gewann.

Besonders den Südfranzosen scheint auch später noch die lateinische Lautgruppe *pt* Schwierigkeit gemacht zu haben. Dieselbe erscheint im Provenzalischen in sehr verschiedener Gestalt, vgl. *septem — set*, *scriptum — escrig* f. *escricha*, *adaptum — azaut*. Nehmen wir an, dass *septem — set, ruptum — rot, adcaptare — acatar* (neben *acaptar*) die reguläre Entwicklung von *pt* darstellen wie im Nordfranzösischen, so stellt sich *escrig* auf eine Stufe mit *caitiu*; man sprach **escrichto* für vulgärlateinisch **escripto*. *Adaptum — azaut, raptare — rautar* werden auf einem anderen Versuche beruhen, den lateinischen Lauten gerecht zu werden. Aehnlich verhält es sich mit der Lautgruppe *ps*, vgl. *ipse — prov. eps eis* (**epse?*) *eus, capsa — caissa* (**ca.ra?*)[2].

---

[1] Eine frappante Parallele bildet air. *eacht* cymr. corn. *caeth* (altcorn. *caid* geschrieben) bret. *keaz* „gefangen, unglücklich, elend" aus lat. *captus*. Auch die Bedeutungsentwicklung ist dieselbe wie im Romanischen.

[2] So fällt auch Thomsen's Bedenken weg (Mém. de la Soc. de Ling. III, 111): in den Dialecten, in welchen *ct* zu *cht* geworden, hätte man den parallelen Wandel von *pt* zu *ft* zu erwarten. Die verschiedene Behandlung erklärt sich daraus, dass *cht* eine keltische Lautgruppe war, *ft* aber nicht.

Lässt sich somit Einfluss der keltischen Sprache auf romanische Lautentwicklung wahrscheinlich machen, so fragt es sich, ob sich derselbe nicht weiter erstreckte. Das Germanische hat sich nicht begnügt, viele Wörter und in Nordfrankreich selbst einen neuen Laut (h) in's Romanische einzuführen, sondern es hat demselben auch einige Suffixe geliefert, wie -isk -(h)ard -(w)ald. Hat es das Keltische nicht so weit gebracht? Man hat sich vielfach und vergeblich mit dem frz. Suffix -ise in justise etc. abgequält, das theils dem lat. -itia entspricht, theils als Nebenform von -ic auftritt, vgl. couardie couardise und ähnliche. Es erscheint ausserhalb des Französischen noch im Norditalischen (als -isia). Auch Horning [1], der sich zuletzt eingehender damit beschäftigt hat, ist zu keiner befriedigenden Erklärung gekommen. Die Laute weisen eben durchaus auf ursp. -isia, nicht auf -itia. Nun sind s-Suffixe im Keltischen überaus häufig; wir finden -asio -esio -isio -usio (Gramm. Celt.[2] S. 785 f.), vgl. speziell τρι-μαρχ-ισία „Dreipferdschaft“, wo -isia als Abstractsuffix erscheint; die Quantität der Vocale ist meist unbestimmbar. Im Inselkeltischen lassen sich diese Suffixe freilich nicht mehr sicher nachweisen; intervocalisches s ist geschwunden, -isia also mit -ia verschmolzen. Vielleicht steckt -isia in dem so häufigen weiblichen Abstractsuffix air. -e cymr. -edd bret. -ez, das zunächst auf -iā oder -ijā zurückgeht: also air. trócaire cymr. trugaredd bret. trugarez corn. tregereth „Barmherzigkeit“ aus *trôgocarisiā, vgl. gall. Carisius. Es ist mir sehr wahrscheinlich, dass dieses keltische Suffix zur Erklärung der romanischen Formen beizuziehen ist. Die Galloromanen werden hie und da lat. -itia mit dem einheimischen -isia vertauscht, also z. B. justitia in *justisia verwandelt haben. Sie mögen wohl auch ganze Wörter auf -isia in's Romanische hinübergebracht haben, wie vielleicht *gadalisia fr. jaelise, wenn dieses aus dem Keltischen stammen sollte [2]; von da aus hätte sich das Suffix weiterverbreitet. Ebenso werden die Formen *palasium *presium für palatium pretium und die anderen von Horning (a. a. O.) erwähnten, welche von Norditalien aus selbst in's Toscanische eingedrungen sind, keltischer Umgestaltung zu

---

[1] Zur Geschichte des lat. C vor E und I im Romanischen (Halle 1883) S. 30 ff., vgl. S. 113 ff. und 124 ff.

[2] S. unten s. v. godu.

verdanken sein; ferner das männliche Suffix -isio für -itio. Eine
Parallele bietet camisia, wenn es eine keltische Umbildung des
deutschen *kamitja- „Hemd" ist (s. unten s. v. camicia). Diese
Erklärung scheint mir kaum von der Hand zu weisen, so lange
nicht eine bessere aus den lateinischen Lauten gefunden ist[1].

Wenn weiter Bartsch romanische Metren auf altkeltische
zurückführen will[2], so kann ich ihm darin einstweilen nicht
folgen. Die unrhythmische, reimlose Poesie der alten Iren,
welche Windisch, Rev. celt. V, 389 ff. 478 ff. bespricht, ist eine
deutliche Nachbildung der kirchlichen Sequenzen. Und auch
für das einzige Metrum, das im älteren Irisch häufig und
besonders volksthümlich gewesen zu sein scheint, die Strophe
von achtundzwanzig Silben, die sich in zwei vierzehnsilbige
oder in vier siebensilbige Verse zerlegt, ist der Ursprung aus
der lateinischen Hymnenpoesie nicht unwahrscheinlich; eben
daher mag die Assonanz entlehnt sein. Da auch die Entstehung
und die Chronologie der cymrischen Kunstmetren, so viel mir
bekannt, noch nicht aufgehellt ist, müssen wir uns einstweilen
resignieren, von der altkeltischen Metrik nichts zu wissen: es
wäre denn, dass die Beeinflussung der christlich-lateinischen
Dichtung durch die keltische sichergestellt würde (vgl. Gramm.
Celt.[2] S. 934 ff.).

Noch viel schwieriger ist die Frage, ob und in wiefern sich
etwa keltische Tradition auf romanischem Gebiete erhalten
habe; ein schlüpfriges Feld, auf dem mit äusserster Vorsicht
zu wandeln ist, damit man nicht von Nebelbildern irregeleitet
werde. Und doch! wer hätte sich nicht beim Lesen der *Reise
Karls des Grossen nach Jerusalem und Constantinopel* über den
gab des ehrwürdigen Erzbischofs Turpin gewundert?

Treis des meillors destriers qui en sa citet sont
Prenget li reis demain, si'n facet faire un cors
La defors en cel plain. Quant mielz s'eslaisserunt,
Jo i vendrai sor destre corant par tel vigor,
Que me serrai al tierz et si larrai les dous,
Et tendrai quatre pomes moll grosses en mon puin,

---

[1] Das männliche frz. Suffix -ise in juise servise sacrifise bedarf
allerdings einer besonderen Erklärung.
[2] Jahrb. XII, 1 ff.; Zeitschr. f. rom. Phil. II, 195 ff.; III, 352 f.

Sis irai estruant et jetant contremont
Et larrai les dextriers aler a lor bandou:
Se pome m'en eschapet ne altre en chief del poin,
Charlemaignes, mis sire, me criet les oilz del front[1].

Gewiss ist auch wunderbar, was die anderen Helden aus-
führen zu können sich rühmen; aber es sind doch meist Hand-
lungen, welche den Superlativ, sei es der Manneskraft, sei es
der Meisterschaft in der Handhabung der Waffen, ausdrücken
sollen, abgesehen von den geradezu mit Zauber verbundenen
Leistungen. Wie kommt der sonst als so heldenhaft geschil-
derte Turpin dazu, gerade im Jongliren, im Wegspringen über
zwei Pferde und Auffangen von Aepfeln, seine Kunst zu zeigen?
Wo sonst auf dem Festlande sehen wir die Helden der Sage
in der Jongleurkunst sich üben? — Und wer, möchte ich weiter
fragen, der sich irgendwie mit altirischer Heldensage beschäftigt
hat, wäre bei diesem Passus nicht auf's Lebhafteste an irische
Berichte ähnlicher Art erinnert worden? Dort spielen die *cless*,
die Bravourstücke, der Krieger eine grosse Rolle; sie erregen
damit die Bewunderung der Menge bei den grossen Versamm-
lungen; sie wissen sie aber auch im Kampfe wohl zu ver-
wenden. Eine der Auszeichnungen, womit die Sage den Haupthelden des älteren Sagenkreises, *Cuchullaind*, das Ideal eines
altirischen Kämpen, schmückt, bildet eben die Menge der *cless*,
deren er mächtig ist[2]. Ich erinnere nur an den *ubull-chless*, das
„Apfelkunststück", das darin besteht, dass er mit neun Aepfeln
und neun Schwertern jongliert; oder an den *cor n-iach n-eir-
red*, den „Heldenlachssprung", mit dem er über Wälle hinweg
springt oder auch über seinen Gegner im Kampfe, um von
oben herab auf ihn einzuhauen. Dazu kommt, dass das französische Gedicht, in seinem zweiten Theile wenigstens, seiner
ganzen Art nach im Gegensatz steht zum feudalen Epos, dass
es, wie G. Paris treffend hervorgehoben hat, von einem Volks-
dichter für das Volk verfasst zu sein scheint, dass es auch
ein neues Metrum, den Alexandriner, in die erzählende Poesie
einführt. Dürfen wir in ihm ein Nachdämmern altkeltischer
Tradition, die letzte Umbildung einer altkeltischen Erzählung
sehen, die sich im Volke erhalten hatte? . . . . . Es kann ein

---

[1] ed. Koschwitz, 2. Aufl., V. 495 - 504.
[2] S. Windisch, Ir. Texte S. 426 s. v. *cless*.

reines Spiel des Zufalls sein; für mehr möchte ich es nicht ausgeben. Der Jongleur, der das Lied verfasste, mag im Erzbischof das Ideal seiner eigenen Zunft haben darstellen wollen.

Doch möchte ich die Gelegenheit nicht vorübergehen lassen, auf ein anderes Gebiet der französischen Literatur hinzuweisen, für welches sicher die Kenntniss der altirischen Sage von grosser Bedeutung ist: ich meine den brittischen Sagenkreis. Von den brittischen Erzählungen sind uns leider nur wenige in ursprünglicher Form überliefert. Dagegen scheinen ihnen die glücklicherweise in ziemlicher Fülle erhaltenen irischen Sagen in Inhalt und Form sehr nahe gestanden zu haben[1]. Sie enthalten fast alle Motive — vom liebessiechen Helden bis zu den Einzelkämpfen an den Furten —, die uns in den französischen Artusromanen mit „übertünchter Höflichkeit" entgegentreten. Was das Aeussere betrifft, erzählen auch die irischen Sagen meist einzelne Episoden aus dem Leben der Haupthelden; und auch in Irland finden wir schon in den ältesten Handschriften (12. Jahrh.) das Bestreben, solche einzelne Episoden an einander zu reihen, so dass sie eine, freilich sehr locker zusammenhängende, fortlaufende Erzählung bilden[2]. Ich glaube daher, dass die irischen Sagen fast in allen Punkten ein ziemlich treues Abbild der brittischen Erzählungen bieten, welche die Jongleurs auf französischem Gebiet verbreiteten, und welche die höfischen Dichter zu langen Epen verarbeiteten.

Bei der Gleichartigkeit der irischen und brittischen Sagen liefern uns jene eine erwünschte Handhabe, die ursprünglich keltischen Elemente der Erzählungen von den fremden zu scheiden. Ich greife ein Beispiel heraus. In der lichtvollen Abhandlung über Chrétien's *Conte de la Charrette* spricht G. Paris auch von der gefahrvollen, von Bestien bewachten Brücke, welche der Held zu passieren hat[3]. Er sieht darin eine Erinnerung an die Brücke, welche nach altkeltischer Anschauung, wie er annimmt, die Gestorbenen in das Reich des Todes hinüberführte, ein Glaube, der bei vielen anderen Völkern vor-

---

[1] Wie weit die gegenseitige Beeinflussung gieng, ist noch nicht genauer untersucht.

[2] Die alten Erzählungen sind in Prosa geschrieben mit eingestreuten metrischen Stücken; sie gleichen also formell dem französischen Roman von *Aucassin* und *Nicolete*.

[3] Romania XII, 508 f.; vgl. Martin, Zur Gralsage S. 41.

kommt, und der auch in der christlichen Literatur seinen Ausdruck gefunden hat. Nun ist zwar in irischen Sagen oft von der Entführung oder der Reise der Helden nach dem „Lande der Lebenden", dem „seligen Gefilde" die Rede; aber nie müssen sie dabei, so viel mir bekannt, eine Brücke überschreiten. Die gefahrvolle Brücke fehlt nicht in der irischen Literatur; doch tritt sie uns nur in kirchlichen Texten, in den Visionen, entgegen; so schon in Adamnans Vision, *Fis Adamnáin* (älteste Hdschr. um 1100)[1]. Die Vermischung des „Lands der Lebenden" mit dem christlichen Paradiese ist bei den Iren nicht selten; sie wird wohl auch bei den Britten stattgefunden haben. So ist die Vorstellung von der Brücke in die brittische profane Sage übergegangen; aber sie ist kein altkeltisches Element, sondern aus der christlichen Tradition, speziell aus der Visionsliteratur, herübergenommen.

Doch zurück zu unserem Thema. Wir berührten oben den Wandel der Laute der gallischen Sprache, welche man bei Etymologieen in Acht zu nehmen hat. Im Allgemeinen ist darüber besser bei Anlass der einzelnen keltisch-romanischen Wörter zu handeln; nur eine Frage will ich hier zum voraus in's Klare zu bringen suchen. In den brittischen Dialecten ist anlautendes *s*, ursprünglich wohl, wie im Irischen, nur hinter vocalischem Auslaut, in *h* übergegangen; dasselbe ist in vielen Wörtern stehend geworden, während andere durchgehend das alte *s*- bewahren: vgl. cymr. *hestor* aus lat. *sextarius*. Dieser Zustand findet sich schon in den Glossenhandschriften des neunten Jahrhunderts. Wann er sich fixiert hat, ist nicht genau festzustellen. Doch da die verschiedenen brittischen Dialecte übereinstimmen, wird er ziemlich weit hinaufzurücken sein. Carolina Michaëlis[2] nimmt an, der Wechsel von *s* und *h* habe auch im Spanischen stattgefunden. Diess weist Baist[3] wohl mit Recht zurück, spricht dabei aber die Ansicht aus, das festländische Keltisch habe, ebenso wie das brittische, den Uebergang von *s*- in *h*- gekannt. Die Frage ist für die Entscheidung

---

[1] Hgg. von Stokes (Simla 1870) und von Windisch (Ir. Texte S. 165 ff.). Ueber die Brücke vgl. Stokes S. 31.

[2] Studien zur rom. Wortschöpfung S. 58.

[3] Zeitschr. f. rom. Phil. V, 231 ff.

über keltoromanische Etymologieen von der grössten Bedeutang und deshalb hier genau zu prüfen.

Die Beispiele in Diefenbachs *Orig. Eur.*, auf welche Baist (S. 236¹) verweist, sind zumeist ohne Belang. Die Zusammenstellungen bei Diefenbach S. 365 sind ganz unsicher; die verstümmelten Namensformen *ἁλιουάσκα ἁλιουγγία* für *σαλιούγκα* (S. 414) und das einmalige *Σαλπίων* neben der Fülle der Benennungen der Alpen, welche mit *Ἀλπ- Ἀλβ-* (nicht *Ἀλπ-*) anlauten (S. 225), fallen nicht in's Gewicht. Von Bedeutung sind nur die zwei Thiernamen: der *canis segusius*, bei Arrian *ἐγούσιαι κύνες* (S. 330), und der inselkeltische Name des Habichts air. *sebocc* cymr. *hebog*, der lautlich dem Namen der Eule und des Kauzes frz. *hibou* catal. *siboc siboch* so nahe steht.

Was den *canis segusius* anbelangt, sind wir in der glücklichen Lage seinen Namen durch eine ganze Reihe romanischer Dialecte hindurch verfolgen zu können (Diez, Wörterb.⁴ S. 290); er heisst it. *segugio*, mail. *saüs saüs*, piem. *sus*, afr. *seüs*¹, span. *sabueso sabejo*, port. *subujo*, also in Italien, in Frankreich und auf der iberischen Halbinsel überall mit anlautendem *s*. Auch der Stadtname *Susa* (*Segusium*) bewahrt dasselbe. Somit ist auf dem ganzen keltoromanischen Gebiet das *s-* erhalten. Dem gegenüber scheint mir Arrians *ἐγούσιαι* wenig Gewähr zu haben, besonders wenn man bedenkt, welch manigfacher Verunstaltung fremdländische Thiernamen in der Regel ausgesetzt sind.

Verwickelter ist der Fall *sebocc-hibou*. Wir fassen zuerst die keltischen Formen in's Auge². Das Wort lautet cymrisch in ältester Gestalt *hebauc*, heute *hebog* „Habicht"; ihm steht gegenüber air. *sebocc* neuir. *seabhac* gäl. *seabhac seabhag seabhag* in derselben Bedeutung. Urverwandt können die Wörter nicht sein; dem alteymr. *-auc* (aus älterem *-ôc*) entspricht air. *-ach*, nicht *-oc*; umgekehrt wäre britt. *-och*, nicht *-ôc*, das Aequivalent von ir. *-oc -occ*. Uebrigens existiert im Altirischen kein gebräuchliches Suffix *-oc* (s. Gramm. Celt.² S.812); dasselbe deutet fast mit absoluter Sicherheit auf Entlehnung, zunächst aus einem brittischen Dialect; erst im Mittelirischen

---

¹ Vie de St. Gilles, V. 1796.
² Vgl. namentlich Güterbock, Lat. Lehnw. im Ir., S. 102. Er bezeichnet irrthümlich *hebogyt* „falconarius" als cornisch; es ist vielmehr cymrisch, s. Gramm. Celt.² S. 140, 837.

beginnt -*og* sich auf eigene Hand auszubreiten. Also ist air.
sebocc ein Lehnwort, wie auch Gütterbock angenommen hat.
Das anlautende *s* erklärt sich leicht. Der Ire kannte *h* im Anlaut der Wörter nicht, ausser als „aspirierte" (postvocalische)
Nebenform von *s*, z. B. *serc* „Liebe", *a serc* (spr. *a herc*) „seine
Liebe". Er muss daher notwendig ein mit *h* anlautendes Wort
als aspirierte Form betrachten und dazu eine selbständige mit *s*
bilden; darum tritt neben *a sebocc* (spr. *a heboc*) „sein Habicht"
ein absolutes *sebocc*[1]. Damit sind noch nicht alle Schwierigkeiten beseitigt. Dem neucymr. *b* entspricht weder in urverwandten noch in entlehnten Wörtern neuir. gäl. *bh*; letzteres
weist durchaus darauf hin, dass schon im Altirischen das *b*
als labiale Spirans gesprochen worden ist[2]; und diese müsste
auch im Cymrischen als Spirans erscheinen, also neymr. **hefog*,
nicht *hebog*. Es sind zwei Erklärungen von ir. *seboc* möglich;
entweder die Form *heboc* fand sich in einem andern brittischen
Dialecte, oder ir. *seboc* ist direct aus ags. *heafoc* entlehnt. Das
erstere ist nicht sicher nachzuweisen; ob in dem cornischen
Ortsnamen *Tre-havoc* der cornische Name des Habichts oder
engl. *havock* cymr. *hafog* enthalten ist, lässt sich *a priori* nicht
entscheiden[3]. Der zweiten Annahme stehen keine Bedenken
entgegen.

Wir kommen nun zur weiteren Frage: wie verhält sich
cymr. *hebauc hebog* zu ags. *heafoc*? Welches ist ursprünglich,
welches entlehnt? Denn die Laute verbieten ja Urverwandtschaft anzunehmen. — Bedenkt man, dass dem ags. *heafoc*
in allen deutschen Dialecten entsprechende Formen zur Seite
stehen[4], dass dagegen der inselkeltische Name nur in einem
der beiden Sprachzweige alt sein könnte, so fällt die Antwort nicht schwer. Cymr. *hebauc* (aus **hebôc*) ist ohne allen
Zweifel aus ags. *heafoc* entlehnt. Sein *b* statt *b* verdankt es

---

[1] Etwas anders Gütterbock a. a. O. Dass das *h* in altirischen Wörtern
wie *hiress* neben *iress* „Glaube" ein noch lautbarer Rest des alten *p* sei
(S. 50 f.), kann ich ihm und Zimmer nicht glauben. Doch davon ein andermal.

[2] Die ganz vereinzelten Ausnahmen wie neuir. *dearbh* gegenüber air.
deirbbæ, von denen zuletzt Gütterbock (S. 85) gehandelt, kommen hier
nicht in Betracht.

[3] S. Stokes, Corn. Glossary S. 191 s. v. *havoc*.

[4] Vgl. ahd. *habuch*, mhd. *habich babech hebech*, as. *Habuc-*, ndl. *havik*,
an. *haukr* (Kluge, Etymol. Wörterb. s. v. *Habicht*).

vielleicht einer volksetymologischen Anlehnung an die vielen
Composita mit *heb*, älter *hep*, air. *sech* „vorbei". Das lange *o* (*au*)
der Endung beruht auf einer Vermengung mit dem häufigsten
aller Suffixe britt. -*òc* acymr. -*auc* ir. -*ach* gall. -*ācos* -*ācus*. —
Also acymr. *hebauc* und air. *sebocc* sind aus ags. *heafoc* entlehnt
und umgebildet.

Jetzt kehren wir zu frz. *hibou* cat. *siboc* zurück. Beruhte
hibou auf einer altkeltischen Form *hebôc- oder *hibôc-, so wäre
seine Gestalt unverständlich; denn intervocalisches *b* muss ja
französisch zu *v* werden. Dasselbe gilt gegen die Annahme
einer Urform *hipôc-. Wenn es nicht eine onomatopoetische
Bildung ist, wie Diez meinte, so ist es der Entlehnung dringend
verdächtig. Die Formen der Thiernamen bieten der Erklärung
besonders viel Schwierigkeit, da sie ganz unberechenbaren Ver-
stümmelungen unterworfen sind; Koseformen und Kindersprache,
Onomatopöie und Vermischung mit andern Thiernamen wirken
auf sie ein. Durchgeht man die Benennungen der Eule in den
französischen Dialecten, welche Rolland (Faune popul. de la
France II, 50 ff.) zusammenstellt, so erscheint frz. *hibou* ziemlich vereinzelt; die dialectischen Formen *houhou ugou dugou*
einerseits und afr. *houpi* andererseits stehen ihm verhältnissmässig fern; am nächsten noch deutsch-luxemb. *Hubo*. Wenn
hibou und cat. *siboc* eines Stammes sind, dann lässt sich nicht
läugnen, dass sie lautlich dem cymr. *hebog* sehr nahe stehen.
Dieses bezeichnet zwar einen Raubvogel des Tages, jene der
Nacht; aber solche Vertauschungen kommen bei Thiernamen
vor. Hängen die Wörter zusammen, so muss frz. *hibou* nach den
obigen Erörterungen ein Lehnwort aus einem brittischen Dialect
sein, und von diesen kann wohl nur das Bretonische in Betracht kommen. Hier giebt es zwar weder für den Habicht noch
für die Eule einen ähnlichen Namen; aber eine anklingende
Form ist in Cornouaille als Schimpfwort im Gebrauch. Es ist
hubot m. „terme de mépris, comme qui dirait canaille, fripon,
gueux" (Le Gonidec), dazu fem. *hubotez*, ferner *hubota* „vivre
en fripon, en gueux". *huboterez* „gueuserie, friponnerie". Eine
Etymologie dieses Wortes fehlt. Es mag aus älterem *hibôk*
oder *hebôk* (= cymr. *hebauc*) umgestaltet sein, wie ja Schimpf-
wörter vielfach solchen Umbildungen ausgesetzt sind; dass der
Name des Habichts, des „Hühnerdiebs", als Schimpfwort gebraucht wurde, ist leicht verständlich. Aus der Bretagne wäre

also *hibôk in's Romanische eingedrungen, theils ostwärts in's Centralfranzösische, wo es als *hibou* erscheint, nach Littré nicht vor dem 16. Jahrhundert, theils südwärts bis in's Catalanische. Wie und auf welcher Etappe seiner Wanderschaft *siboc* zu seinem anlautenden *s* gekommen, vermag ich nicht nachzuweisen, ist übrigens für uns unwichtig, da das irische *s* in *sebocc* nicht ursprünglich sein kann; vielleicht hat ein Name des Kauzes (*civéta* im Dép. Hérault, span. *zumácaya*) darauf eingewirkt. Den Wandel der Bedeutung vom Tag- zum Nachtvogel scheint das Wort erst im Romanischen durchgemacht zu haben, da das vermuthlich dazugehörige *hioux* in der Normandie den Bussard bezeichnet (Rolland a. a. O., S. 13). — Natürlich ist auch leicht möglich, dass *hebog hibou siboc* alle drei gar nichts mit einander gemein haben, und dass der lautliche Gleichklang zufällig ist.

Also beide Beispiele Baists, ἐγοίσσαι κύρις und *hibou*, sind nicht stichhaltig; bis auf weiteren Nachweis ist anzunehmen, dass anlautendes *s* im festländischen Keltisch nicht zu *h* geworden.

Zum Schluss noch einige Bemerkungen. Auf Diefenbachs oft wüste, Heterogenes vereinigende Zusammenstellungen bin ich im Allgemeinen nur so weit eingegangen, als dieselben von Diez citiert sind. Sonst habe ich mich begnügt, das zur Sache Gehörige aus ihnen hervorzuheben.

Unter „irisch" verstehe ich zunächst „altirisch", unter „cymrisch" aber „neucymrisch". Die neucymr. Orthographie unterscheidet die einzelnen Laute genauer als die mittelcymrische; vom Altcymrischen, wie vom Altbrittischen überhaupt, ist uns zu wenig erhalten, als dass man es an die Spitze stellen könnte. Eine uniformierte phonetische Schreibung der verschiedenen keltischen Dialecte anzuwenden, wie diess z. B. Lhuyd in seiner *Archaeologia Brit.* gethan, hielt ich für unzweckmässig, weil sie das Nachprüfen erschwert; ich folge der einheimischen Orthographie. Da vielleicht dieses Schriftchen von Einigen benutzt werden wird, die sich nie mit Keltisch beschäftigt haben, füge ich das Nothwendigste über die Aussprache bei:

Die altirischen Buchstaben werden im Allgemeinen wie die lateinischen ausgesprochen; *c* ist guttural.

Air. *ch th f (ph)* bezeichnen die gutturale, interdentale und labiale Spirans, zumeist die tonlose.

Air. *b d g* bezeichnen sowohl die Mediae als die (tönenden) Spiranten (letztere spät-mittelirisch *bh dh gh*); ebenso *m* sowohl den labialen Nasal als eine nasalierte labiale Spirans (neuir. *mh*).

In den brittischen Dialecten hat *u* die Aussprache *ü*, in dem grösseren Theile von Wales *i*.

Cymr. *y* bezeichnet theils einen Vocal, der demjenigen von engl. *fur her* vergleichbar ist, theils ist es = cymr. *u*.

Cymr. *w* theils Vocal *ū*, theils Halbvocal.

Cymr. *ch th ff (ph)* bezeichnen die tonlosen, *dd f* die tönenden Spiranten.

Cymr. *m n r l* bezeichnen die tönenden, *mh nh rh ll* die entsprechenden tonlosen Laute.

Das Bretonische hat im Allgemeinen französische Aussprache, nur dass alle geschriebenen Laute gesprochen werden; *g* ist immer guttural.

Bret. *ch* = frz. *ch*, bret. *c'h* ist tonlose gutturale Spirans (cymr. *ch*).

Bret. *ñ* bezeichnet, dass es mit dem vorhergehenden Vocal zusammen als Nasalvocal gesprochen wird; *n* ist selbständiger Nasal.

Die hauptsächlichsten Hilfsmittel, welche mir für das Keltische zu Gebote standen, und die ich häufiger citiere, sind folgende:

1. Allgemeine Werke:

Edward Lhuyd: *Archaeologia Britannica*. Oxford 1707.

Diefenbach: *Celtica*. Stuttgart 1839 u. 1840.

Ders.: *Origines Europaeae*. Frankfurt a. M. 1861.

Glück: *Die bei Caesar vorkommenden keltischen Namen*. München 1857.

J. C. Zeuss: *Grammatica Celtica*. Editio altera, curavit H. Ebel. Berlin 1871.

Dazu:

Gütterbock und Thurneysen: *Indices Glossarum et Vocabulorum, quae in Grammaticae Celticae editione altera explanantur*. Leipzig 1881.

2. Irisch-Gälisch:

a) Alt- und Mittelirisch:

Irish Glosses. A Mediaeval Tract of Latin Declension with Examples explained in Irish, ed. Wh. Stokes. Dublin 1860.

Three Irish Glossaries (Cormac's Glossary, O'Davoren's Glossary, A Glossary to the Calendar of Oingus), ed. W. S(tokes). London 1862.

Cormac's Glossary, translated and annotated by the late J. O'Donovan, ed. Wh. Stokes. Calcutta 1868 (citiert *Cormac übers.*).

O'Clery's Irish Glossary, ed. A. W. K. Miller. Revue celtique IV, 349—428; V, 1—69.

E. Windisch: *Kurzgefasste Irische Grammatik.* Leipzig 1879.

Ders.: *Irische Texte mit Wörterbuch.* Leipzig 1880.

Ferner Stokes' Indices und Glossare zu seinen verschiedenen Editionen.

b) Neuirisch:

D. Foley: *An English-Irish Dictionary.* Dublin 1855.

Edw. O'Reilly: *An Irish-English Dictionary*, a new edition, *with a supplement by J. O'Donovan.* Dublin 1877. (Aus dieser unzuverlässigen Compilation habe ich nie geschöpft, ohne es ausdrücklich zu bemerken.)

c) Gälisch:

Highland Society of Scotland: *Dictionarium Scoto-Celticum.* Edinburgh 1828.

N. MacAlpine: *A Pronouncing Gaelic Dictionary.* 7th edition. Edinburgh 1877. — *An English-Gaelic Dictionary*, ib. 1876.

3. Brittisch:

J. Loth: *Vocabulaire vieux-breton.* Paris 1884. (Dieses Buch ist mir erst gegen Ende der Arbeit zugekommen.)

a) Cymrisch:

Y Seint Great, ed. Robert Williams. London 1876 (*Glossary* S. 721—737).

Davies: *Antiquae Linguae Britannicae ... et Linguae Latinae Dictionarium duplex.* Londini 1632.

W. Owen Pughe: *A National Dictionary of the Welsh Language*, 3d edition, by Robert John Pryse. Denbigh 1866 u. 1873.

William Spurrell: *A Dictionary of the Welsh Language*, 3d edition, Carmarthen 1866. — *An English-Welsh Pronouncing Dictionary*, ib. 1872.

28

John Rhys: *Lectures on Welsh Philology*. Second edition. London 1879.

b) Cornisch:

Robert Williams: *Lexicon Cornu-Britannicum*. Llandovery u. London 1865.

Whitley Stokes: *A Cornish Glossary* (Ausschnitt aus den *Transactions of the Philol. Soc. of London* 1870, S. 137—250).

c) Bretonisch:

Le Gonidec: *Dictionnaire Breton-Français*, ed. Th. Hersart de la Villemarqué. Saint-Brieuc 1850. — *Dictionnaire Français-Breton*, ib. 1847.

Troude: *Nouveau Dictionnaire Pratique Breton-Français*. Brest 1876. (Diesem folge ich in der Orthographie bretonischer Wörter.)

H. d'Arbois de Jubainville: *Études Grammaticales sur les Langues Celtiques*, 1re partie. Paris 1881.

Englische Etymologieen citiere ich nach:

Skeat: *An Etymological Dictionary of the English Language*. Oxford 1882.

Grosse Dienste hat mir das klar sichtende *Etymologische Wörterbuch der deutschen Sprache* von F. Kluge geleistet (zweiter Abdruck, Strassburg 1883).

Beim Citieren der altkeltischen Glossenhandschriften bediene ich mich der üblichen Abkürzungen:

Wb. — Die altir. Würzburger Glossen (Zimmer. *Glossae Hibernicae*. Berlin 1881).

Sg. — Die altir. St. Galler Glossen (Ascoli, *Archivio Glottologico Italiano*, Vol. VI, 1. Rom u. Turin 1880).

Ml. — Die altir. Mailänder Glossen (ebend. Vol. V, 1. 2. 1878 u. 1882).

Oxf. Gl. — Die altcymr., althret. und altcorn. Oxforder Glossen (Gramm. Celt.² S. 1052—1063).

Zu Grunde legte ich:

F. Diez: *Etymologisches Wörterbuch der Romanischen Sprachen*. Vierte Ausgabe. *Mit einem Anhang von A. Scheler*. Bonn 1878.

Die keltischen Etymologieen

in

Diez' etymologischem Wörterbuch der roman. Sprachen.

Diez I. Gemeinromanische Wörter (S. 3—347).

affanno S. 7.

Cymr. *aphan*, von O. Pughe bei *Taliesin* (wo?) belegt, ist gewiss das frz.-prov. Wort. Die *Taliesin* zugeschriebenen Gedichte sind ja grösstentheils jungen Ursprungs. Wäre es einheimisch, könnte es mit dem romanischen Worte nichts zu thun haben, da cymr. *ph* oder *ff* zwischen Vocalen auf früheres *pp* zurückgeht.

allodola S. 13.

D'Arbois de Jubainville (Études Gramm. S. 20) glaubt den bretonischen Lerchennamen mit gall. *alauda* vereinigen zu können, indem er bret. *alc'houez* auf ursp. **alavid-issa* zurückführt. Er hat dabei bret. *alc'houez* „Schlüssel" und *alc'houeder alc'houedez* „Lerche" verwechselt. Letzteres wird vielmehr eine auf frz. *alouette* basierende Umgestaltung des einheimischen Wortes für „Lerche" sein, als dessen intacteste Form *ec'houeder ec'houedez* erscheint; s. darüber unten s. v. *mauvis*. Doch kann *alc'houeder* auch einfach das frz. *alouette* enthalten, vermehrt um das weibliche Suffix *-ez* (graecoroman. *-issa*), indem *z* hie und da in *r* übergeht (s. Ernault, Rev. celt. V, 127).

Jedenfalls ist die Identifizierung der brittischen Benennung der Lerche mit gall. *alauda* undurchführbar.

ambasciata S. 15 u. 706, **abait** S. 502 u. 752.

Da Mahns unglaubliche Etymologie von Scheler der Aufnahme in die Nachträge gewürdigt worden ist, scheint es nicht unnöthig, auf die Beweise des keltischen Ursprungs von *ambactus* zurückzukommen. Was Mahns Deutung betrifft, existiert erstens ein Compositum von *ambi-* und *aketi* im Bretonischen

nicht; zweitens ist bret. *aket aked* „diligence, assiduité, appli-
cation, exactitude", wenn ich nicht irre, aus afrz. *aguait* „guet,
veille, attention vigilante" (Godefroy) neufr. *aguets* entlehnt.
Jedenfalls kann *aket* mit *ambactus* lautlich absolut nichts zu
thun haben.

Für den keltischen Ursprung von *ambactus* giebt es zwei Beweise, 1) den äusseren, historischen: schon Ennius gebrauchte
das von Festus als gallisch bezeichnete Wort; 2) den innern,
bestehend in der Durchsichtigkeit der Bildung, in der Leichtig-
keit der Erklärung von *ambactus* aus keltischen Elementen. Auf
den ersten Bestandtheil, die bekannte gallische Praeposition
amb(i), brauche ich hier nicht von Neuem zurückzukommen.
Das dem lat. *agere* entsprechende Verbum spielt in den neukeltischen Sprachen eine grosse Rolle, namentlich im Brittischen,
wo es eines der gebräuchlichsten Wörter ist. Es erscheint hier
in intransitiver Bedeutung und bildet im Cymrischen, Cornischen
und Bretonischen die meisten Formen der Verba „gehen" und
„kommen" (s. Gramm. Celt.² S. 579). Speziell das Compositum
ambi-ag- kommt im Cymrischen nur in der III. Sg. und Pl. vor;
ymae ymaent (lautlich = lat. *ambigit ambigunt*) ursp. „er treibt
sich herum, sie treiben sich herum" haben ihre Bedeutung ver-
allgemeinert zu „er befindet sich, ist" und „sie befinden sich,
sind". Sie werden daher in den cymrischen Grammatiken in
die Formen des Verbum subst. eingereiht. Aehnlich verhält
es sich im Cornischen und Bretonischen, nur dass im letztern
dialectisch ein ganzes Praesens von diesem Compositum gebildet wird. — Im Irischen findet sich *ag-* sowohl transitiv als
intransitiv gebraucht. Mittelir. *agaim* heisst „ich betreibe, setze
in's Werk", *t-agim* „ich komme"[1], *imm-agim* Inf. *immáin* „ich
treibe umher", air. Praet. *immact* gl. *jecit*, mit infigiertem Pronomen „ich treibe mich herum, fahre".

Gall. *ambactus* ist offenbar eine participiale Bildung zu
letzterem Verbum. Es lässt zwei Deutungen zu. Entweder man
geht von der intransitiven Bedeutung aus; dann hat Glück mit
ambactus „Diener" mit Recht gr. ἀμφίπολος skr. *paricara* ver-
glichen. Oder aber der Grundbegriff von *ambactus* ist „der
Herumgesandte, Bote". Ich gebe der letztern Erklärung den Vor-

---

zug, weil sich mlat. *ambactia* „Auftrag" und it. *ambasciata* etc.
leichter daraus gewinnen lassen. In Betreff der Bedeutungsentwicklung ist beachtenswerth, dass in den irischen Sagen
die Fürsten eine Menge *techta* „Boten" als Dienerschaft zur
Verfügung haben. Es ist also nicht der mindeste Grund vorhanden, an dem keltischen Ursprung von *ambactus* zu zweifeln.
Ebenso unzweifelhaft ist die Identität von cymr. *amaeth*
„agricola, arator, servus aratis" mit *ambactus*: es entspricht
ihm Laut für Laut, und wenn *ambactus* nicht überliefert wäre,
so könnte und müsste man es daraus reconstruieren. Dagegen
ist nicht auszumachen, ob das Wort ureinheimisch ist, oder ob
es durch die Römer aus Gallien eingeführt wurde.
Wie sich gotisch *andbahts* „Diener" dazu verhält, mögen
andere entscheiden. Mir persönlich scheint die Annahme der
Entlehnung und Umbildung auf Seite des Deutschen ausser-
ordentlich nahe zu liegen.

andare S. 18 u. 707.

Ich fürchte einen Schrei der Entrüstung bei den romanischen Etymologen hervorzurufen, wenn ich zu den vielen
Etymologieen des räthselhaften Verbums eine neue hinzufüge;
und dennoch sei es hiemit gewagt. Ich basiere dabei auf dem
Erfahrungssatz, dass die gebräuchlichsten Wörter die Lautgesetze am genauesten repräsentieren, dass man also für ein
so häufiges Verbum wie *andare* keinen Lautwandel zugeben
kann, der sonst nicht oder nur in spärlichen Ausnahmefällen
belegt ist. Deshalb stimme ich denen bei, welche *aller* von
andare trennen; afr. *aler* und *aner* sind lautlich nicht zu vereinigen.

Wir wenden uns zunächst *andare* zu. Wie wenig alle
vorgebrachten Etymologieen befriedigen, brauche ich nicht zu
wiederholen. Nur einige Worte zu der zuletzt am meisten pro-
tegierten, der Herleitung von lat. *addere*. Die Einwände sind
verschiedene. 1) Lautliche: aus *addare* — die Möglichkeit des
Flexionswechsels ist zuzugeben — kann rom. *andare* werden, wie
rendere aus *reddere*; und daraus lässt sich catal. *anar* erklären,
nimmermehr aber prov. *anar* frz. *aner*, da diese Dialecte *nd* im
Inlant nicht assimilieren. 2) Die Erklärung des Bedeutungs-
übergangs von *addere* zu *andare* ist gezwungen und unwahrscheinlich. 3) Auch gegen diese Etymologie bleibt Thomsens
Einwand bestehen: es fehlen im Spätlatein alle Spuren des

uenen Gebrauchs von *addere*. Hier findet sich immer *ambulare*
für das romanische Verbum. Aus *ambulare* kann dieses aber
lautlich nicht entstanden sein. Es bleibt somit nur der eine
Answeg, auf den Diez hinweist: *ambulare* ist der traditionelle
Stellvertreter eines Verbums der Vulgärsprache, für welches
die lateinische Sprache keinen genau adaequaten Ausdruck be-
sass. Daher folge ich Schuchardts Beispiel und wende meine
Blicke nach aussen und zwar nach dem einzigen in Frage
kommenden Gebiet, nach dem Keltischen.

In den Lesestücken in Windischs Ir. Grammatik lesen wir
S. 124 die formelhafte Wendung *inagid tagid* „geht hin (und)
kommt (wieder) her". *Tagid* ist die II. Pl. Imperat. des Com-
positums *to-agim* „ich komme"; *agim* ist das oben s. v. *ambasciata* genauer besprochene Verbum, welches in den brittischen
Dialecten der gewöhnlichste Ausdruck für „gehen" ist.
Sein Gegenstück *inagid* enthält dasselbe Verbum, zusammengesetzt mit der Partikel *in- ind-*, welche dem deutschen *ent-* entspricht, und welche gallisch *ande-* lautet (s. Glück, Kelt. Namen
S. 24). Dieses *ind-agim* steht also *t-agim* genau so gegenüber,
wie im Romanischen *andare venire*. Windisch citiert im Wörterbuch die parallele Formel *aig taig* „gehe hin, komme her!", die
sich nur dadurch unterscheidet, dass hier an erster Stelle das
Simplex für das Compositum steht; *aig* ist lautlich genau gleich
lat. *age*. Wir constatieren also als erstes Ergebniss, dass das
kelt. Verbum *and(e)-ag-* bis zur feinsten Nüance dem rom. *andare* entspricht, und dass sein Verbalstamm im Inselkeltischen
als allgemeine Bezeichnung für „gehen" gebraucht wird.

Nun zum Lautlichen. Das Praefix *ande- and-* enthält die
Lautgruppe *nd*. Gerade für diese ist uns bezeugt, dass sie in
keltischen Dialecten des Festlandes früh zu *nn* assimiliert wurde.
Arepennis nennt Columella das gallische Feldmass (Diez II e,
S. 510); aber frz. *arpent* und altspan. *arapende* zeigen, dass
andere Dialecte die ursprünglichere Form *arependis* bewahrt
hatten. Ebenso war *mb* dialectisch in *mm* übergegangen; vgl.
den Stamm *cambo- cammo- camo-* unten s. vv. *camuso canto
gamba jante*. Also nicht das Provenzalische hat *nd* zu *nn*
assimiliert, sondern die Romanen fanden hier schon *annag-* für
älteres *andag-* vor; daher *anar* gegenüber it. *andare* sp. pg. *andar*.
Gerade dieses Verbum kann uns die Provinzen bestimmen helfen,
in welchen der Lautwandel stattgefunden hatte.

Allein wo ist das *g* der Verbalwurzel geblieben? Gall. *g* zwischen Vocalen war, dialectisch wenigstens, sehr früh spirantisch geworden und geschwunden. Diess zeigen die vielfachen Schwankungen in der Schreibung; z. B. *Bogio- Boiio- Boio-* in verschiedenen Völker- und Personennamen; *Brigia* und *Bria* in Ortsnamen; Inschriften wie *Deo mounti* neben *Deo mogonti*, *Deo mouno* neben *Apollini mogouno* (s. d'Arbois de Jubainv., Études gramm. S. 14*). Darauf weist die Schreibung *vertraha* neben *vertragus* hin; auch die Behandlung der Ortsnamen auf *-magus*. In **Ro-uem Roem Rouen* aus *Rotomagus* ist keine Spur des *g* zu sehen; das Wort ist behandelt, als ob die Urform *Rotŏmus wäre. Die Vorstufe war jedenfalls *Rotomaus mit geschwundenem *g*; daher heisst der Bezirk *pagus Rodomensis* (vgl. Gramm. Celt.² S. 145).

Wir dürfen also, um *andare anar* zu erklären, vom kelt. Stamme *anda- anna-* (aus *andag-*) ausgehen, der, wie man sieht, mit demjenigen des romanischen Verbums identisch ist. Es sind uns zu wenig gallische Verbalformen überliefert, als dass ich die Reconstruction der ganzen Flexion wagen möchte; ich begnüge mich mit einem Beispiel. Die II. Pl. Praes. Ind., ir. *ind-agid*, musste gallisch etwa **andá(g)ete* **anná(g)ete* lauten; man denke sich *g* geschwunden, und man wird begreifen, dass die Romanen, resp. die zweisprachigen Kelten, die Formen *andatis *annatis (it. *andate* prov. *anatz*) daraus bildeten. Einige solcher Transformationen genügten, das keltische Verbum in die I. Conjugation herüberzuziehen. — *Andare* bildet nur endungsbetonte Formen; auch dieses stimmt zu der Etymologie, da die einfachen Verbalcomposita im Irischen und wohl auch im Urkeltischen den Accent fast durchgehend auf dem Verbalstamm tragen; nur der Imperativ ist ausgenommen [1]. — Auch das unregelmässige Praeteritum könnte man auf keltischen Einfluss zurückführen. Der Stamm *ag-* bildet im Keltischen das *t*-Praeteritum, altir. III. Sg. *ind-acht, gall. etwa *anducto oder *and-acta[2]; diese Form konnte nicht ohne Weiteres zu einem Perfectum der I. Conj. umgeformt werden; man schloss daher *andare* an *dare* an. — Vielleicht geht die Uebereinstimmung noch

---

[1] Eine Untersuchung der Gesetze des Accentwechsels im irischen Verbum wird im nächsten Hefte der *Revue celtique* erscheinen.

[2] Oder *andactos*? Vgl. J. Rhys, Rev. celt. VI, 46.

weiter. Das Nomen verbale zu ir. *ind-agim* — in der irischen
Grammatik *Infinitiv* genannt — lautet **ind-áin*, vgl. *t-áin, immáin*; diess wäre gall. **and-agni-s*. Es könnte sich erhalten haben
in afr. *andain* „enjambée"; sicher ist es nicht, weil *andain* möglicher Weise eine jüngere Form für **andaim* ist; vgl. com. piem.
andana (s. Diez s. v.).
  Ich bin mir wohl bewusst, wie gewagt die Annahme ist,
dass ein ursp. keltisches Verbum sich im Vulgärlatein bis nach
Süditalien verbreitet habe. Doch man beachte, dass die Formen
von lat. *ire* sehr undeutlich geworden waren; es haben sich ja
nur einige der klingenderen Formen desselben erhalten, wie der
Conj. *eamus eatis* it. *giamo giate* und seine Analogiebildungen, das
Imperf. *ibam-iva* etc.; auch das Rumänische hat diesen Stamm
aufgegeben. Andererseits haben wir im keltischen *andá(g)-
annú(g)-* ein Verbum, das in der Bedeutung und auch in den
Lauten dem romanischen genau entspricht, und das, wie wir
sicher schliessen können, in den keltischen Dialecten vom
häufigsten Gebrauche war.
  Wir wenden uns weiter zu afr. *aler* friaul. *lâ* (aus **alá*).
Schuchardt (Zeitschr. f. rom. Phil. IV, 126; vgl. VI, 423) verweist
auf einen altir. Stamm *al-* „gehen"; dieser existiert aber nicht.
Die in Betracht kommenden Formen gehören zu dem Stamme
lá- von sehr allgemeiner Bedeutung; transitiv bezeichnet er
„bringen, setzen, werfen", „hinbefördern" im weitesten Sinne;
intransitiv „sich begeben, gehen" etc. Tritt die Verbalpartikel
ro- vor, so lautet der Stamm *rolá-*; ist aber das Praefix betont, so wird dessen Vocal häufig durch das folgende *a* um-
gefärbt, und wir erhalten *ràla-*[1]; z. B. *rolàad*, aber *dorálad*
„wurde gesetzt"; *rolàa* „setzte", aber *arna-ràla* „damit nicht
komme". Solche Formen haben Schuchardt getäuscht.
  Wir gehen daher auf seine frühere Etymologie zurück, wo
er den brittischen Stamm *el-* „gehen" verglich. Dieser Stamm
ela- el- kann im Cymrischen fast alle Formen des Verbums
„gehen" bilden; er läuft dem oben genannten *a(g)-* parallel:
elaf „ich werde gehen", *elwn* „ich gieng" u. s. w. Im Cornischen erscheint er mit *ll*, z. B. *ellen* = cymr. *elwn*. Im Irischen
finden wir verschiedene Composita: *ad-ella-* „hinzugehn", *to-ella-*
„kommen, helfen" (cymr. *delaf* „ich werde kommen"), *sechmo-*

---

[1] bedeutet den Wortaccent.

ella- „vorübergehn, übergehn, ermangeln", *di-ella-* „deviare, declinare" und andere. Hängt dieser Stamm *ella-* mit frz. *aller* zusammen? — Das Verbum *ella-* scheint ein Compositum des oben besprochenen *lâ-* zu sein; es enthält wahrscheinlich die Praeposition ir. *ess-*, unbetont *ass-*, lat. und gall. *ex*. Diese Dentung ist nicht ganz sicher, weil im Irischen das einfache Compositum *ess + lâ* „entkommen" als *ela-* mit einfachem *l* und langem *e* erscheint (Windisch, Ir. Texte S. 521 s. v. *eláim*); doch wird sie bestätigt durch das Doppelcompositum *ess-com-lâ-* „proficisci"[1]. Dann lässt sich afr. *aler* friaul. *alâ lâ* nicht damit identifizieren; denn wir besitzen kein Zeugniss, dass die gall. Praeposition *ex* unter Umständen zu *ax-* wurde. Gleichwohl ist es mir sehr wahrscheinlich, dass wir es auch hier mit dem Stamme *lâ* zu thun haben. Dunkel ist nur das Praefix. Zunächst läge *ad-lâ-*; aber *aler* heisst nicht speziell „hinzugehn".

Auch scheint ein Stamm mit einfachem *l* den Vorzug zu verdienen. Gleichwohl muss das Wort ein Compositum gewesen sein, da die ältesten französischen Formen alle den Accent auf der zweiten Silbe tragen. Nun ist *a-* kein keltisches Praefix; aber rom. *alá-* kann aus *aulá-* entstanden sein, wie *Agustus* aus *Augustus*, *agurium* aus *augurium*, *ascultare* aus *auscultare*. So fällt Licht auf die Sache. Das Praefix *au-*, wohl bekannt aus lat. *auferre aufugere*, ist im Irischen als selbständige Praeposition in häufigem Gebrauch; sie lautet *ó ua* und bedeutet „von". Auch in verbalen Composita kommt sie sicher vor, ist aber nicht immer leicht zu erkennen, da sie unter Umständen als *uad-* auftritt und sich vielleicht mit einem andern Praefix *ud- od-* mischt. Es ist hier nicht der Ort, näher auf die Frage einzugehn. Das einfache Compositum *ô-lâ-* ist im Irischen nicht sicher belegt[2], wohl aber das Decompositum *con-ô-lâ-*, speziell das Weggehn beim Tode bezeichnend; vgl. *intan conhualai Patraic* „als P. von hinnen gieng (schied)" Fiacc's Hymn. 65,

---

[1] Vgl. *ni œscomlai* gl. *non proficiscitur* Sg. 3ª, 6; *asruchumláe* gl. *a se profecto* Ml. 17ᵇ, 2; *an-asrochumlai* gl. *profectum* Sg. 7ᵇ, 19.

[2] Den Spruch im Cod. Boernerianus: *Mór bais, mor baile . . . olais airchenn leicht doécaib* etc. übersetzt Stokes (Goidelica² S. 182): „Great folly, great madness . . ., since thou hast proposed(?) to go to death" etc. Aehnlich Zimmer (Gloss. Hib. XXXVII): „nam destinatum est tibi ire ad mortuos". *Lúaim airchenn* in der Bedeutung „propose" ist nicht belegt;

Windisch, Ir. Texte S. 16; *fornem aconruale .. dindire* „was (wer)
von der Erde in den Himmel gieng" Calendar of Oengus, ed.
Stokes, Ep. 25; *conruala cohaingliu, conrualai cocrist* „er gieng
(von hinnen) zu den Engeln, zu Christus" ib. 12. Juli, 21. Nov.
Das dreifache Compositum *to-ind-o-lá-* ist transitiv und glossiert
„colligere, adplicare, locure, occupare". Also das als gallisch
voranszusetzende *au-lá-* „gehen" existiert im Irischen.

Somit wären mindestens drei, besser vier Sprachcentren
anzunehmen, wo sich keltische Formen in das romanische
Verbum „gehen" eingenistet haben; und zwar im Norden der
Stamm *a(u)lá-*, in Südfrankreich *anná-*, auf der pyrenäischen
Halbinsel und in Norditalien *andá-*.

argano S. 24 u. 707.

Eine dem gall. *-garanus* entsprechende Benennung hat nur
der brittische Sprachzweig erhalten in cymr. corn. bret. *garan* f.
Der Ire nennt den Kranich *corr* f.

arnese S. 26.

Die altkeltische Form für „Eisen" lautete *isarno-*, wie der
Ortsname *Isarnodori i. e. ferrei ostii* und der Name des Zeit-
genossen des heil. Patricius *Iserninus* zeigt; direct aus diesem
Stamme ist also fr. *harneis* nicht zu gewinnen. — Mit regel-
rechtem Schwund des intervocalischen *s* entsteht air. *iarn* neuir.
iarann gäl. *iarunn* manx *yiarn*. Ueber die verschiedenen Formen
der brittischen Dialecte s. besonders Rhys, Lectures² S. 418 ff.
Auch hier scheint die älteste Form *iarn* zu sein, die sich in
alten bretonischen und cornischen Eigennamen zeigt. Dann
finden wir altbret. *hoiarn* neubret. *houarn* Pl. *hern* corn. *hoern*
hôrn hern cymr. *hayarn haiarn hauarn haearn*. Die Mittelform

dagegen wird *air-chenn* häufig mit den Verben des Gehens verbunden,
in der Bedeutung „entgegen gehen, aufsuchen" (s. Windisch, Ir. Texte
S. 418). So wird auch hier *olais airchenn* zu übersetzen sein „du giengst
entgegen"; dabei kann man entweder aus dem Vorhergehenden „ihnen"
(d. i. der Thorheit, Tollheit) ergänzen oder einfach „du giengst entgegen
(giengst freiwillig) einen Todesgang" etc. Der Angeredete wird in Rom
gestorben sein. Dann ist *olais* die II. Sg. des *s*-Praet. von *ola-* = gall. *aulá-*.
Das Praeteritum von „gehen" wird häufig durch den Stamm *lud- lod-*
vertreten, z. B. III. Sg. *luid* (aus **lude*) „er gieng". Von diesem Stamme
giebt es ein doppeltes Compositum *ind-ö-lud-*, welches lat. *ingredi incur-*
rere glossiert; vgl. *dondi molaid* gl. *ingredienti* Ml. 25ᵃ, 21; *inrualad-sa*
gl. *offendi* Ml. 20ᵉ; *acht inrualda'ar* gl. *incurrerent* Ml. 21ᵇ, 11; *ni nadrind-*
ualdatar gl. *non nihil incurrerent* ib.

ist acymr. *hearn* (mit Umlaut in *Heiernin Hiernin* = *Iserninus*);
hieraus entstand *haiarn haearn* und contrahiert *hayrn haern*, woher die dialectische Form in Süd-Wales *harn*. Das *h* ist möglicher Weise aus dem Innern des Wortes vorgesetzt worden,
also ursp. **iharn *eharn* (Gramm. Celt.[2] S. 123). Zu dem Wandel
von altem *ia* und *ea* vgl. namentlich Rhys' Beispiele: acymr.
gaem, später *gaeuf gayaf gauaf*, bret. *goañv goañ*, älter *goaf*,
im Dialect von Vannes *gouiañ*, corn. *goyf*, später *gwâv* „Win-
ter", Stamm **gïam-*, air. *gam* mit Ausstossung des *i* (*j*); cymr.
graian graean bret. *grouan* corn. *growyn* „Kies, grober Sand"
= ir. *grian*; cymr. *traian traean* „Drittel" — ir. *trian*; ferner
cymr. *chwaer* (aus **chwaer*), bret. *c'hoar*, in Vannes *c'hoer*, corn.
huir, später *hoer hôr* „Schwester", Stamm **svesar- *chwear-*, ir.
Gen. Sg. *se(th)ar*, cymr. Pl. *chwiorydd*.

Aus cymr. *haearn* könnte mit dem sehr gebräuchlichen Suffix
-aith, später *-aeth* (ir. *-acht* ursp. *-actâ*) ein Wort **haearnaeth*
„Eisenzeug" gebildet worden sein; doch ist dasselbe nicht zu belegen. Auch kommt in älterer Zeit die contrahierte Form *harn-*
auch in mehrsilbigen Wörtern nicht vor, sondern nur *haern-*.
Wir werden also auf's Bretonische hingewiesen.

Hier ist die Form *harn-* im 13. Jahrhundert ganz gewöhnlich, z. B. in den Namen *Harnoc Harscoet*[1] (Rev. celt. III, 418).
und sie mag wohl älter sein; im 11. Jahrhundert lesen wir aber
noch *Hoiarnbiu* (ib. 449). Das brittische Suffix *-aith* lautet bretonisch im 15. Jahrhundert *-aez -ez*, heute nur *-ez*; *z* wurde bis
in's 18. Jahrhundert als interdentale Spirans gesprochen. Man
könnte versucht sein, in bret. *harnez hernez* 1. „ferraille, vieux
morceau de fer", 2. „harnais, cnirasse" (Le Gonidec[2]) eine Vereinigung der beiden Elemente zu erblicken. Das geht aber
nicht an; denn das bret. Wort ist männlich, das Suffix *-actâ*
aber durchgehend weiblich. Wenn also *harnez* nicht aus frz.
harnais entlehnt ist, ist ein anderes Suffix anzusetzen und zwar
wohl *-io-*, das ursp. neutral gewesen sein mag, im Brittischen
aber masc. werden musste[3]. Selbst wenn wir etwa für das
12. Jahrh. ein (verlorenes) bret. **harnaið* oder cymr. **haernaith*
ansetzen, bleibt zwischen diesem und frz. *harnais* immer noch

---

[1] Vgl. *Hoiarnscoet Hoiarscoit* Gramm. Celt.[2] S. 97.
[2] Troude kennt nur die Bedeutung 2.
[3] S. d'Arbois de Jubainv., Études gramm. S. 52.

die Discrepanz des Genus bestehen. Nehmen wir aber neubret. *harnez* als alt an, so würde es im 12. Jahrh. etwa **harniδ* oder **harneδ* gelautet haben; diesem würde aber kaum afr. *harneis* und *harnas* entsprechen.

Dazu kommt eine weitere Schwierigkeit, das frz. Verbum *harneschier harnasquier harnacher*. Nach welchem Muster bildeten die Franzosen zu einem Worte auf -*eis* -*ois* ein Verbum auf -*eschier*? Es müsste offenbar ein Wort mit Suffix -*isc*-sein; ich habe es nicht aufgefunden. Diez (Gramm.[4] II, 394 ff.) nennt keine Verba, die von Wörtern auf -*isc* abgeleitet sind. *Freis frois* bildet -*freschir*; *peschier* hat im Französischen nur *peisson*, kein **peis* neben sich, *breteschier* nur *bretesche*, kein **breteis*. So lange das Muster nicht gefunden, das mir vielleicht nur zufällig entgeht, bleibt die Schwierigkeit bestehen.

Alles würde sich leicht erklären, wenn der Stamm ursp. **harnasc-* lautete, dessen Suffix dialectisch mit dem gebräuchlicheren -*isc* vertauscht worden wäre; die südlichen Sprachen gaben dann frz. *harneis* auf ihre Weise wieder. **Harnasc* könnte aber nicht aus bret. **harnaiδ* oder **harniδ* entlehnt sein. Aus dem Keltischen liesse sich etwa air. *nasc* vergleichen in *au-nasc* „Ohrring", *ord-nasc* „Daumenring", gäl. *nasg* bret. *nask* „Strick, womit das Vieh im Stalle angebunden wird". Es gehört zum primären Verbum air. *nascim* „ich binde, knüpfe", übertragen „verpflichte". Ein gallisches Compositum *ar(e)-nasc-* würde also etwa „vorbinden" bedeutet haben; die Rüstung wäre als „Vorgebundenes" oder als „Vorringe" bezeichnet worden (ir. *arnascim* kommt nur in der übertragenen Bedeutung „verloben" vor). Das französische *h* bliebe aber unerklärt; man müsste Anlehnung an deutsche Wörter mit *hari-* annehmen. Auch lässt das späte Auftreten des Wortes Entlehnung als wahrscheinlicher erscheinen. — Non liquet.

baccalare S. 33.

Ir. gäl. *bachall* „Stab, Hirtenstab, Bischofstab" ist offenbar ein Lehnwort aus lat. *baculus*[1], wie auch cymr. *bagl* „crutch, crook". Ebenso entspricht cymr. *baglor* „bachelor" Laut für Laut lat. *bacaláris* oder *bacalárius*, möglicherweise auch *baccaláris*, vgl. *eglwys* aus *ecclésia*. Der keltische Stamm mit der Bedeutung „klein", den Gachet vergleichen will, lautet *bicc-*

---

[1] Nach Schuchardt (Rev. celt. V, 491) eher aus *bacillus*.

oder *becc-*, nicht *bacc-* (s. unten s. v. *bacino*). — Man könnte
ir. *bachlach* zur Vergleichung heranziehen; es glossiert *famulus*
(Stokes, Ir. Glosses 410) und wird von O'Reilly mit „herdsman,
rustic" übersetzt; häufig bedeutet es „ungeschlachter Kerl"
(Windisch, Ir. Texte S. 382). Doch wird es vielleicht mit Recht
von *bachall* hergeleitet, also ursp. „mit einem Hirtenstab versehen, Schafhirte" (Cormac übers. S. 18); es ist dann lautlich
gleichwerthig mit cymr. *baglog* „having a crook", bret. *baelec*,
jetzt *belck* „Priester", eigentl. „der einen *baculus* trägt". Immerhin tritt die Bedeutung „Hirte" an keiner Belegstelle (Windisch,
Cormac aa. OO.) deutlich hervor; sicher nicht „Hirte" bedeutet
es in *Tochmorc Bec Fola*[1]. Doch unterscheidet sich *bachlach*
von *baccalâris* ausser durch das Suffix *-ach* gall. *-âcos* auch
durch sein *ch*, welches im Irischen immer auf einfaches *c*
zurückgeht (ursp. **bacalâcos*).
    bacino S. 34.

*Baccinum, sowie *bacia* S. 429, sind gewiss verwandt mit
den Gefässnamen *bacar baccar bacarium bacario* (s. Loewe, Pro-
dromus S. 55. 292 und vgl. *bicchiere* Diez S. 52). Um das Ur-
theil über die Möglichkeit keltischer Abstammung dieses und
der folgenden Wörter zu erleichtern, stelle ich hier die verschiedenen keltischen Stämme mit *bac- bec-* zusammen.

    1. Stamm *bacc-*: ir. gäl. *bacc bac* m. „Haken, Krummstab,
Biegung, Krümmung" in manigfachem Gebrauch, *bacán* „Thür-
angel"; cymr. *bach* m. „hook, grapnel", *bachu* „to hook, to hitch,
to grapple, to crook; to get into recesses", *bachiad* Subst. „hooking, grappling, bending like a hook", *bachol* Adj. „hooking,
grappling", *cilfach* „nook, creek, bay", *colfach* „hinge"; corn.
bah „hook, hinge", *bache* „to deceive, lay snares"; bret. *bac'h*
f. „croc", in Vannes „bâton", *bac'hik* f. „crochet, agraffe", *ba-
c'hein* „déconcerter". Davon ir. gäl. *baccach bacach* „lahm, ver-
krüppelt" = cymr. *bachog* „hooked, crooked" (Stokes, Ir. Glosses
695) und gäl. *bacag* nenir. *bacóg* „a trip".

---

[1] Proceedings of the Roy. Ir. Acad., ir. mscr. series, V. I part I S. 176.
Bec Fola will ihrem Gatten ein verabredetes Stelldichein verheimlichen
und giebt vor, auf's Land gehen zu müssen, weil die *bachlaich* gewisse
ihr gehörige Kostbarkeiten, wie Goldspangen, Golddiademe, Hemden, im
Stiche gelassen hätten und davon gelaufen seien. Solche Dinge vertraut
man doch keinen Hirten an; die *bachlaich* scheinen hier Diener oder Unter-
gebene zu bezeichnen, welche auf dem Lande wohnten.

2. Stamm *bacci-* oder *becci-*[1]: cymr. *beich*, jetzt *baich* m.
„burden, load", *beichio* „to load, burden", *beichiog* „burdened,
pregnant"; bret. *beac'h bec'h* m. „peine, difficulté, chagrin, ré-
pugnance, effort, fardeau". *bec'hek* „pesant, difficile".
3. Die Vertreter von lat. *baculus* s. oben s. v. *bacculare*;
bachall hat auch die Bedeutung „Zweig. Ruthe" angenommen;
daher gäl. *bachlag* „Schoss, Sprössling", ir. *bachallaim* „beschneide".
4. Von lat. *bâca bacca* (oder *bâca?*) scheinen abgeleitet:
cymr. *bagwy* „Traube, Bund", cymr. *bagad* corn. *bagas* gäl. *ba-*
gaid bagaill „Traube"; mit übertragener Bedeutung cymr. bret.
bagad gäl. *bagaid* „Truppe, Schaar", vgl. it. *baccello* (Diez II a,
S. 354).
5. Aus lat. *buc(c)ella buc(c)ello-*: Oxf. Gl. *becel* gl. *bulla*,
mcymr. *bogel* „Schildbuckel", ncymr. *bogail* m. und f., corn.
begel, bret. *begel begll* m. „Nabel", cymr. *boglyn* „boss, knob".
Ir. *boccóit* „Schild, Buckel" (Windisch, Ir. Texte S. 400), dazu
bocoidech „maculosus" (Stokes. Ir. Glosses 63), weisen auf ein
brittisches *bocôt-* lat. **buc(c)âtus*.
Das doppelte *c* von lat. *bucca* ist bewahrt in cymr. *boch*
corn. *boch boh* bret. *hoc'h* f. „Wange".
6. Ir. *bacur* „Drohung" (Stokes, Togail Troi S. 135), gäl.
ncuir. *bagair- „drohen", *bagairt* „Drohung"; vgl. cymr. *bygwl*
bygwth „Drohung", *bygylu bygythio* „drohen"? Die lautlichen
Verhältnisse sind unklar.
7. Stamm *becc-* oder *bicc-*: ir. *becc bec*, gäl. ncuir. *beag*;
cymr. *bach, bychan* (f. *bechan*), corn. *bechan bihan behan bian*
bean, bret. *bic'han bihan bian* „klein. wenig"; cymr. *bychod*
„small matter", *baches* „little darling", *bachgen* (Pl. *bechgyn*)
„boy, child".
8. Ir. *béccim* ncuir. *béic-* gäl. *beuc-* „kreischen, brüllen";
cymr. *beichio* „mugire"; vgl. corn. *begy* „to bray", bret. *begiat*
beiat „béler". letztere mit einfachem *c*.
9. Ncuir. *bachal* „curl", gäl. *bachlag* „a little curl", *bach-*
lach „curling, crisped, frizzled". Man denkt unmittelbar an

---

[1] Der Stamm erinnert an lat. *fascis*; ähnlich vergleicht Fick (Bezzen-
berger's Beitr. II, 266) den Stamm *becc* „klein" mit lat. *rescus* (*gresrus*)
„schwach, dünn". Doch bedarf die lautliche Entsprechung noch der Aufklärung.

frz. *boucle* engl. *buckle* (cymr. *brcl*). Dann muss das Wort bei der Entlehnung umgestaltet worden sein; lautlich stellt es sich zu 3.

10. Die irischen und gälischen Wörterbücher unterscheiden drei verschiedene Wörter *bach*:

a) *bach* übersetzt mit „Trunkenheit", auch „Tollheit" (Cormac übers. S. 27; vgl. Three ir. gloss. S. 56). Das Wort ist unsicher, bis eine Belegstelle die Uebersetzung als richtig erweist. — Auf gelehrter Entlehnung von lat. *Bacchus* beruht wohl *bach-thinneas* „Katzenjammer", eigentlich „Bacchuskrankheit" u. ähnl. bei neneren gälischen Dichtern.

b) *bach* „Brechen, Ernten" (O'Dav. S. 60; Corm. s. v. *bachall*; O'Clery Rev. celt. IV, 369) gehört zum Verbum *bongim* „breche, ernte"; sein -*ch* vertritt also -*g*.

c) *bach* .*i. iomusaighidh* „Aufsuchen, Angreifen", oder *sechim* „Nachgehn" (O'Clery a. O.; O'Dav. S. 56 n. 60). Unsicher.

11. O'Clery bringt die Glosse *bacat .i. bráighe* (Rev. celt. IV, 369), das *Düil Laithne: baicead .i. braige* (Stokes, Goidelica² S. 75). Plunket, Lhuyd, O'Reilly fassen *braige* als gäl. *braigh braighe* neuir. *braidhe* „captive, prisoner, hostage", während es Stokes und nach ihm Miller ir. *bráge* „Hals" gleichstellen. Eine Belegstelle ist mir nicht bekannt. Auf derselben Glosse, aber in verdorbenem Zustande, basiert offenbar O'Reilly's *bacal* „a slave, prisoner".

Gleichlautend ist *baccat .i. bóotrach* „Kuhmist" (Cormac übers. S. 27).

Von vereinzelten Wörtern sind noch zu nennen:

Ir. *bachar* „the herb lady's glove; an acorn; beech mast" O'Reilly; vgl. *bacur* Cormac übers. S. 27.

Gäl. *bachall* „an old shoe, a slipper".

Ferner moderne Lehnwörter wie gäl. *bacaid* „Gefäss für Asche oder Kohlen" = schott. *backet*; gäl. *bag* „Sack, Bentel" = engl. *bay* (isl. *baggi*), übertragen „a big belly", *bagannta* „corpulent"; gäl. *baigear* „beggar" u. a. m.

badare S. 34.

Air. *báith* (glossiert *idiota*) neuir. gäl. *baoth* „thöricht, einfältig" hat echten Diphthong, müsste also *i* eingebüsst haben.

Bret. *badaillat bazaillat bahaillat baraillat*, auch *badaillein*, „gähnen" hat Diez richtig als das frz.-prov. Verbum erkannt. Weniger klar ist das Verhältniss der folgenden Wörter: altbret.

bat gl. *frenesin*, später *bad* „étourdissement, éblouissement“, *bada baduoui* „parler en étourdi, avoir des éblouissements“, *bader badaouer* „badand“, corn. *badus* gl. *lunaticus*, corn. *bad badt* „stupid“ (s. Stokes, Zeitschr. f. vergl. Sprachf. 26, 482). Von letzterem leitet Skeat engl. *bad* her; aber Stokes weist darauf hin, dass das erhaltene *t* oder *d* im Auslaut auch corn. *bad* als Lehnwort erscheinen lässt. G. Sarrazin erklärt jetzt engl. *bad* aus altengl. *gebǽded* „bedrängt“ (Engl. Stud. VI, 91). Bret. *bad* und corn. *badus* können ihrem Aeussern nach einheimisch sein; denn *d* ist die regelrechte Entwicklung von *t* zwischen Vocalen. Mit ir. *báith* lassen sie sich nicht unmittelbar vereinigen, da dem Diphthong *ai* wohl nie britt. *a* entspricht. Recht zu Hause scheint der Stamm nur im Bretonischen zu sein, und hier ist die Entlehnung aus dem Romanischen wahrscheinlicher als das Umgekehrte.

Stammt das rom. Wort aus dem Keltischen, so ist eher von air. *báith* auszugehn. Davon konnte ein Verbum **baitare batare* abgeleitet werden mit der Bedeutung „handeln wie ein Idiot, den Mund aufsperren, gaffen“; dieses wäre dann seinerseits in's Bretonische und von da in's Cornische eingedrungen. Sicher ist diess Alles nicht, aber möglich.

Zum rom. *badare* stellt W. Foerster (Zeitschr. f. rom. Phil. V, 95 f.) afr. *abaiier* it. *abbajare* „bellen“, eine Möglichkeit, die ich nicht bestreiten will. Immerhin haben Etymologieen von Benennungen der Thierlaute etwas Unsicheres, da sie zu sehr von den schallnachahmenden Wörtern abhängig sind. Ahmte z. B. der Romane das Hundegebell, das der Römer durch *bau* wiedergab, mit *bai* nach, so erklärt sich ohne Weiteres die Differenz von *baubari* und *-baiier*.

baga S. 35.

Gäl. *bag* ist aus engl. *bay* entlehnt; cymr. *baic'h* bret. *beac'h* und gäl. *bac* haben ursprünglich doppeltes *c*, s. oben s. v. *bacino*. Vergleichbar sind die dort unter 4. aufgeführten Wörter.

bagascia S. 37.

Cymr. *baches* ist mit dem griech.-rom. Suffix *-issa* aus *bach* (Stamm *becc-*) „klein“ abgeleitet, s. oben s. v. *bacino* No. 7.

1. baja S. 37.

Neuir. *bádh* gäl. *bagh* sind späte Lehnwörter; *dh gh* sind jetzt im Wortinnern und im Auslaut stumm; früher bezeichneten sie die tönende gutturale Spirans und engl. *y*. Daher die Schreibung.

banco S. 40.

Die keltischen Worte, sämmtlich entlehnt. sind: cymr. *banc* corn. *bancan* gäl. neuir. *banc* in den Bedeutungen von engl. *bank*; bret. *bañk* = frz. *banc*. Für engl. *bench* ags. *benc* findet sich gäl. *being* corn. *benk*, bret. *meñk* cymr. *mainc* (aus *meinc*) mit einer Vertauschung des Anlauts, der sich daraus erklärt, dass nach ursprünglich vocalischem Auslaut die Formen mit *m-* und *b-* gleichermassen bret. *veñk* cymr. *fainc* lauten. Neuir. *beinse binse* sucht engl. *bench* graphisch auszudrücken.

bando S. 40 u. 708.

Das ältere Irisch besitzt nur ein Wort *band bann .i. gnim* „That".

baratto S. 41.

Chevallet und Stokes (Zeitschr. f. vergl. Sprachf. 26, 463) vergleichen mit frz. *barat*: air. *mrath*, später *brath*, altbret. *brat*, später *brad*, cymr. *brad* corn. *bras* m. „Verrath, Betrug". Es lässt sich nicht leugnen, dass dieser Stamm *mrat- brat-* zu den meisten rom. Wörtern in der Bedeutung wohl passt; aber das doppelte *t* im Romanischen bliebe unerklärt. Vielleicht ist frz. prov. *barat* erst secundär aus bret. *brat* entlehnt und dann weiter in die übrigen Dialecte gedrungen. Jedenfalls haben sich im Romanischen verschiedene Stämme gemischt.

Ob das *a* zwischen *b* und *r* bei der Entlehnung eingeschoben wurde — dann wäre bret. *barad* vom Romanischen beeinflusst — oder ob *barad* eine einheimische Nebenform von *brad* ist, bleibe dahingestellt; vgl. bret. *baradour* „Verräther" = mcymr. *bratwr*, später *bradwr*.

barca S. 42.

Barc, fem. *a-*Stamm, ist ziemlich früh im Irischen belegt (s. Stokes, Cormac Übers. S. 17). Der Stamm könnte ursp. *barga* sein; *barca* wäre dann nur dialectische Nebenform (s. Einleitung S. 8 f.); so würde sich afr. *barge* prov. *barja* erklären. Bei der Herleitung aus **barica* würde man eher span. **barga* erwarten, wie *cargo carga* von *carricare*. — Freilich kann es auch sehr wohl im Irischen Fremdwort sein, wie sicher bret. *barc*, da hier *c* (und *g*) nach *r* nicht unverändert bleibt.

barga S. 43.

Als Bedeutung von cymr. *bargod* giebt Davies „subgrunda, subgrundia, imbricamentum; ora, fimbria". Von einem Stamme *barg-* kann es nicht kommen, da *g* hinter *r* spirantisch wird und schwindet. Wenn es einheimisch ist, ist zwischen *r* und *g* ein Vocal geschwunden, also ursp. **bar..cât-*. Allein da die erste Bedeutung „Schutzdach" zu sein scheint, leitet man es besser von ags. *beorgan* me. *bergen* = d. *bergen* her, worauf Littré auch frz. *berge* zurückführen will.

Andrerseits ist zuzugeben, dass das festländische Keltisch einen Stamm *berg-* besessen hat; diess zeigen die Namen *Bergusia, Bergomum, l'obergensis* (Glück, Kelt. Namen S. 89[1]). *Berg-* verhält sich zu *brig-* (s. unten s. v. *bricco*) wie d. *Berg* zu *Burg*. Vielleicht ist dieser Stamm in corn. bret. *bern* und cymr. *bera* „Haufe" erhalten[1]. Frz. *barche* „Heuhaufe" (Littré s. v. *berge*) könnte eine dialectische Nebenform *berc-* repräsentieren (s. Einleitung S. 8 f.).

Zu span. *barga* frz. *berge* vgl. auch afr. *baricave barricave* f. „fondrière, précipice" (Godefroy).

barone S. 43.

Ueber das Wort vergleiche Settegast, Vollmöllers Roman. Stud. I, 240 ff.

In irischen Glossaren finden sich: 1. *bar .i. sui* „Weiser"[2]; 2. *bur .i. mac* „Sohn"; 3. *bár .i. máoir* (= mlat. *major*). So lange Belegstellen fehlen, sind diese Wörter unsicher.

barra S. 45.

Das keltische Wort, um das es sich handelt, ist air. *barr* m. „das buschige obere Ende", beim Menschen „Schopf", auch „(buschiger) Helm", beim Baum „Gipfel, Laub", gälisch weiter ausgedehnt „crop, top, tip, end, extremity, point"; corn. *bar* „top, summit", *baren* „Zweig"; bret. *barr* m. „grappe, branche, groupe, cime, sommet, brosse, balai", cymr. *beryn* „candy-tuft". Dieser Stamm *burr-* (aus **bars-*bursto-*) „buschiges Ende", wohl nah verwandt mit lat. *fastigium* und vielleicht mit d. *Borste*, ist offenbar nicht geeignet, das Stammwort zu rom. *barra* „Stange, Riegel" abzugeben.

Daneben steht nun cymr. *bar* mit allen Bedeutungen von engl. *bar*; bret. *barrenn* f. = frz. *barre*. Es ist wenig wahrscheinlich, dass die Entlehnung auf Seite des Romanischen stattge-

---

[1] Auch cymr. *bryn* „Hügel" ist möglicher Weise nicht aus **bry(g)-yn* (s. unten s. v. *bricco*), sondern aus **byr(g)-yn* entstanden.

[2] Stokes (Zeitschr. f. vgl. Sprachf. 26, 457) glaubte dieses Wort in der altbret. Glosse *bar-* „caragios" wiederzufinden; es ist aber *barcot* zu lesen (s. Loth, Vocab. vieux-bret. S. 50 f.).

funden. Wenn der Stamm ein keltischer ist, so hat er sich in
den Inseldialecten nicht erhalten.

Den Repräsentanten von inselkeltisch *barr*- hat Schuchardt
(Zeitschrift f. rom. Phil. IV, 126) in friaul. *bar* „Busch", bol.
bar, parm. ferr. *ber* „Büschel (besonders von Haaren)" nachgewiesen.

basso S. 45.

Die Glosse *bassas* „pingues oves" ist in *bassus* „pinguis,
obesus" zu verbessern nach Loewe, Prodr. S. VIII. Cymr. *bas*
„shallow, low, flat" würde lautlich zwar genügen, da *s* immer
auf *ss* zurückgeht. Doch steht nichts im Wege, dasselbe, wie
bret. *baz*, als Lehnwort zu betrachten. Davon ist gebildet das
Substantiv *bas* „Untiefe", vgl. das deutlichere corn. *bas-dhour*
„Furt", eigentlich „niederes oder seichtes Wasser".

bastardo S. 45.

Auf das Unstatthafte der Zimmer'schen Etymologie von
cymr. *basdardd* hat Schuchardt (Zeitschr. f. rom. Phil. IV, 124[2])
aufmerksam gemacht. Irisch *báis báes*, später *baois*, „Laune,
Lust, Wollust", jetzt veraltet, hat echten Diphthong; der Stamm
ist *bais*-, nicht *bas*-. Er fehlt dem brittischen Sprachzweige. —
Cymr. *tardd* heisst „ebullitio, emanatio, egressio, pullulatio, ger-
minatio", corn. *tardh* „Anbruch (des Tages)", bret. *tarz* „rup-
ture, éclat, bruit éclatant"; dieser Stamm *tard*- fehlt dem Irischen. Es geht also nicht an, die zwei heterogenen Elemente
zusammenzuschweissen. Von ähnlichem Klange besitzt das
Brittische nur das romanische Adjectiv *bas* in der Bedeutung
„seicht"; ein „seichtes Sprossen" giebt keinen Sinn. — Kluge
sucht Zimmers Etymologie durch den Hinweis zu stützen, dass
bastart zuerst als Beiname Wilhelms des Eroberers erscheine;
wie sollte aber der Normanne ein keltisches Epitheton angenommen haben? Man mag es mit Mahns Deutung halten, wie
man will, jedenfalls muss *fils de bast* den Weg weisen.

batto S. 47.

Cymr. *bad*, älter *bat*, „Boot" ist gewiss aus dem Angelsäch-
sischen entlehnt.

becco S. 47.

Ir. *bec* bret. *bek beg* sind sicher entlehnt. Dagegen ist
Verwandtschaft mit dem keltischen Stamme *bacc*- „Haken"
(s. oben s. v. *bacino*) kaum abzuweisen; nur ist die Vocalstufe
verschieden.

benna S. 48 u. 708.

Benna lebt im cymr. *ben* f., *benyn* m. „cart, wain“ fort, wozu die Nebenform *men* existiert (Diefenbach, Orig. Europ. S. 256); das Schwanken findet auch in den abgeleiteten Wörtern statt. Ueber den Wechsel von *b* und *m* s. oben s. v. *banco*.

betula S. 50.

Cymr. *bedw*, Sg. *bedwen* f., corn. *bedewen*, spältcorn. Pl. *bedho bezo*, bret. *bezo beo beeu* m., Sg. *bezvenn beouenn beeuenn* f. „Birke“ weisen auf einen Stamm *betv-*. Neuir. *beith* gäl. *beithe* bezeichnen zugleich den Buchstaben *b* [1].

biado S. 50 u. 708.

Mcymr. *blawt*, jetzt *blawd*, corn. *blot*, später *bles*, bret. *bleut bleud bled* „Mehl“ genügen lautlich vollkommen; denn sie gehen alle lautgesetzlich auf einen Stamm *blât-* zurück. Weniger gut passt die Bedeutung; und diese hat sich nicht etwa secundär entwickelt, sondern ist die ursprüngliche. Der Stamm *blât-* ist aus *mlâto-* entstanden, einem alten Part. Pass. zu cymr. *malu* ir. *melim* (Inf. *bleith*) lat. *molere* „mahlen“; *mlâto-* verhält sich zu lat. *molitum*, wie lat. *(g)nâtus* gall. *Cintu-gnâtus* („der Erstgeborene“) zu lat. *genitus*. Verwandt ist air. *mlâith bláith* „weich, sanft“, Stamm *mlâti-*, bret. *blot blod* „weich, teigig (vom Obst)“, ursp. wohl „zermalmt“. Stammte das romanische Wort aus dem Keltischen, so müsste seine ursprüngliche Bedeutung ungefähr = afr. *forment molu* sein.

Ir. *bláth*, cymr. Pl. *blodau*, Sg. *blodeuyn*, auch *blodyn*, corn. *blodon*, bret. *bleuñ*, Sg. *bleuzvenn bleuñvenn bleuñenn* „Blüthe, Blume“, nicht „Frucht“, haben nichts damit zu schaffen.

biondo S. 54.

Bret. *blod* s. oben s. v. *biado*.

birra S. 54.

Neuir. *beoir* bret. *biorc'h* „Bier“ sind sicher entlehnt; merkwürdig ist die Gestaltung des letztern, vgl. anord. *björr*? Lhuyd (S. 47ᵇ) verzeichnet eine bret. Form *bier* = frz. *bière*.

bolgia S. 57.

Ir. *bolg bolc* „Sack, Schlauch“ ist masc. *o*-Stamm; das von Diez citierte gäl. *builg* ist Gen. Sg. oder Nom. Pl. dazu.

---

[1] Die Vermuthung liegt nahe, dass eben der Gleichklang dieses Wortes mit griech.-lat. *beta* die irischen Mönche auf den Gedanken gebracht hat, sämmtliche Buchstaben mit Baumnamen zu bezeichnen.

borbogliare S. 58.

Gäl. *borbhan* „a murmur; the purling of a streamlet" gehört wohl zum air. Verbum *berbaim* „siede" = lat. *fervere*.

borda S. 59.

Cymr. *bwrdd* „table, board" (bret. *bourz* bei Williams s. v. *bord*) scheint ein älteres Lehnwort aus ags. *bord*. Später. aus me. *bord* oder ne. *board*, entlehnt sind cymr. corn. nenir. gäl. *bord*, alle mit den Bedeutungen von engl. *board*.

bordo S. 59.

Cymr. *brodio* „sticken" ist aus dem Romanischen entlehnt, *brwyd* „instrumentum acupingendi", „broidering frame" aus engl. *broider*. Dagegen ist air. *brot* m. „Stachel", Stamm *brott-*, Demin. *bruitne*, gäl. *brodum* „a goad. a staff" eine regelrechte, einheimische Entwicklung aus **brozda- *bruzdo-*; vgl. air. *nett net*. nenir. gäl. *nead*, cymr. *nyth*, bret. *neiz*, in Vannes *nec'h neic'h* „Nest" ans indogerm. **nizdo-* (Stokes, Kuhns Beitr. zur vergl. Sprachf. VIII, 338). Hiezu wohl cymr. *brathu* „stechen, durchstechen. beissen". *brath* „Stich, Biss"; cornisch *brath-cy* „a mastiff". — Bret. *broud* corn. *bros* „Stachel" lassen sich lautlich damit nicht vereinigen; sie sind entweder aus ir. *brot* oder aus nord. *brodd-r* entlehnt.

2. **bordone** S. 59.

Der entsprechende keltische Stamm ist *dord- durd-*, vgl. air. *dordaim* „brülle" (vom Hirsch), *fodord* „Brummen, Murren, Bass" (Gegensatz: *andord* „helle Stimme"), cymr. *dwrdd* „sonitus, strepitus". auch *twrdd*.

bottare S. 61.

Cymr. *bot* „any round body" fehlt bei Davies und existiert vielleicht gar nicht; jedenfalls wäre es nicht einheimisch. Länger eingebürgert scheint cymr. *both* f. „umbo", Stamm **bŭttā*; dazu *bothell*, auch *pothell*, „Blatter, Blase".

botte S. 62.

Gäl. *bót* aus engl. *boot*.

braca S. 62 u. 709.

Schuchardt hat in der Zeitschr. f. rom. Phil. IV, 148 darauf aufmerksam gemacht, dass gallolat. *braca* wahrscheinlich ein umgebildetes **rraca* ist, dessen Stamm cymr. *gwreg-ys*, corn. *grugis*, spät *grigis*, bret. *grouiz gouriz* m. „Gürtel" enthält. Bei der Entlehnung scheint die erste Silbe gedehnt worden zu sein; daher lat. *brāca* und *bracca*. Dass aber im Gallolateinischen eine Nebenform mit *a* bestand, zeigt das rückentlehnte bret. *bragez* Pl. *bragou* „weite Kniehose des bretonischen Bauers". Zu *vrac-* stellt sich wohl mittelir. *fraig* f. „Wand", das für *fraich* stehen kann; die umlaufende Wand wäre als Gürtel bezeichnet worden; vgl. gäl. *fraigh* „Wand aus Flechtwerk, Dach", nach Armstrong auch „a border of a country", also „Grenzgürtel".

Dagegen ist gäl. *brigis brioguis briog'se,* das Schuchardt aus lat. *braca* herleitet, nichts anderes als das englische gleichbedeutende *breeks.*

Ein drittes anklingendes Wort, mittelir. *bröcc* (Stokes, Ir. Glosses 1033), neuir. gäl. *brög* f. „Schuh", ist aus nord. *bròk* . „Hose" entlehnt.

　　bramare S. 62; s. unten s. v. *braire.*
　　branca S. 63 u. 709.

Von Neumann (Zeitschr. f. rom. Phil. V, 386) auf *bi-ramica* zurückgeführt. Jedenfalls hängt es nicht mit den keltischen Wörtern zusammen; denn cymr. *breich,* jetzt *braich,* corn. *brech,* bret. *breac'h brec'h* f. „Arm" ist aus lat. *bracchium* oder eher aus dem Pl. *bracchia* entlehnt. Zum brittischen Worte gehört air. *bracc brac* „Hand", das vielleicht nur von den Glossatoren aus *braccuille* (= *bracchiale*) *bracand* „Handschuh" abstrahiert ist; sonst wäre **braicce* oder **braicc* zu erwarten.

　　bravo S. 64 u. 709.

Die Vergleichung mit cymr. *braw* „Schrecken" wird hinfällig durch Cornu's Nachweis, dass *bravo* aus *barbarus* entstanden ist (Romania XIII, 110 ff.).

　　brenno S. 65.

Das altirische Wort für „Kleie" ist *cáith,* das in neuir. *cáith* gäl. *cáth* bewahrt ist. Neuir. *bran* wird also aus engl. *bran* entlehnt sein. Dagegen macht vielleicht die Gestalt von bret. *brenn* m. wahrscheinlich, dass cymr. *bran* kein Lehnwort, sondern dass der Stamm *brenno-* im Brittischen alteinheimisch ist.

　　bresca S. 66.

Altir. *brisc* bret. *bresk* heisst nur „brüchig, zerbrechlich" (s. unten s. v. *briser*). Cymr. *brysg* als Adj. hat die Bedeutung von engl. *brisk*; als Substantiv bedeutet es „Spur".

　　bribe S. 66.

Ueber cymr. *briw,* das weder das *b* von *bribe* noch die

Nebenform *brimbe* erklärt, s. unten s. v. *bruiser*. Die bretonischen Wörter sind, wie Diez mit Recht annimmt, entlehnt.
1. **bricco** S. 67.

Schuchardt (Zeitschr. f. rom. Phil. IV, 126) trennt mail. *bricol* piem. piac. *bric* „Hügel, vorspringender Fels", *bricca* „rauhe Gegend" vom deutschen Stamme *brik-* und stellt sie zum kelt. *brig-* „Hügel, Höhe" [1]. Die Vertreter desselben müssen hier etwas eingehender besprochen werden, da Sch. sehr verschiedene Formen neben einander stellt. Der einfache Stamm *brig-* liegt vor in air. *bri* Gen. *breg* (ursp. *brix *brigos) „Berg, Hügel", lautlich genau d. *Burg* entsprechend [2]. Im Gallischen erscheint der erweiterte Stamm *briga* (s. Glück, Kelt. Namen S. 126 ff.). Mit einem dieser beiden ist cymr. corn. bret. *bre* f. „Berg, Hügel" identisch. Das cymr. Adverb *fry* (aus *bry*) „oben" wird einen adverbialen Casus des ersteren enthalten. Die Existenz des Adj. *bry* „hoch" ist mir zweifelhaft; Davies und Lhuyd haben es nicht. Abgeleitet sind cymr. corn. *bryn* (aus *bry[g]-yn*) m. „Hügel" [3]; ferner der Stamm *brigant- brigantin-* in cymr. *braint* Pl. *breiniau* „Vorrecht, Praerogative" (eigentlich „Hoheit"), *breenhin*, jetzt *brenin*, „Fürst, König", corn. *brentyn bryntyn* Adj. „privileged, sovereign, noble, excellent" [4]; die physische Bedeutung hat bret. *blinchenn* f., Pl. *blenchou* (lautlich = cymr. *breiniau*) „Gipfel, Spitze, Ende" bewahrt.

Weiter führt Schuchardt cymr. *brig* (aus *bric*) an und bemerkt, der Wechsel von Media und Tenuis sei schwer zu erklären. Cymr. *brig brigyn* bedeutet „Gipfel (der Bäume), die obersten Zweige", auch „Haupthaar". Es stellt sich somit näher zum Stamme *barr-* (s. oben s. v. *barra*) als zu *brig-*. Mag *brig* aus *barrig* oder aus *bry(g)-ig* entstanden sein, jedenfalls enthält es das Suffix *-ig* (*-ico-*), das zwar gewöhnlich Adjectiva

[1] Auch valcavargn. *brüga* führt er an, ohne sich über das *ü* auszusprechen.
[2] D. *Burg* ist auf zweifachem Wege in's Keltische eingedrungen; einmal durch lat. *burgus*, woher air. *borgg borcc*, später *brog broc* „Burg, Stadt", bret. *bourc'h* f. „bourg, gros village"; sodann durch ags. *burɣ buruɣ* me. *burgh borgh*, woher cymr. *bwrch* „rampart, wall, embankment".
[3] Doch vgl. oben s. v. *barga*.
[4] Es ist daher nicht sicher, dass der altbrittische Völkername *Brigantes* mit „Bergbewohner" zu übersetzen ist; er könnte auch „die Hohen" d. h. „die Edlen" bezeichnen, vgl. gall. *Bituriges* „Weltkönige". Dagegen wird *Brigantia* wohl „Hochstadt" bedeuten.

4

bildet, vereinzelt aber auch in Substantiven erscheint, vgl. *cloig* „Schloss".

Das weiter von Sch. genannte gäl. *bráighe bráigh* (mit *â*!), Gen. *brághad*, m. „oberes Ende (des Mastes, des Thals), Gipfel (des Hauses, des Hügels)" kann mit *brīg-* nichts zu thun haben. Es ist deutlich das air. *bráge* Gen. *brágat*, nenir. *bráighid*, gäl. *brághad* „Hals, Nacken".

Da der keltische Stamm *brīg-* ist, lässt sich it. *bric bricca* nicht ohne Weiteres damit zusammenstellen. Höchstens könnten diese Wörter einem substantivierten Adj. *brīgico- *bricco entspringen, was doch zweifelhaft bleibt.

briga S. 67 u. 710.
Ueber cymr. *brig* und kelt. *Brigantes* s. oben s. v. *bricco*.

brio S. 68 u. 711.
Die keltischen Wörter sind air. *brig* f. „Kraft, Macht, Ansehn, Werth", neuir. gäl. *brigh* f. „substance, essence, elixir, juice, sap", Stamm *brīgâ*; air. *brig* auch adjectivisch „kräftig, mächtig"; cymr. *bri* m. „aestimatio, dignitas, honor", auch corn. *bry* m. Den letzteren kann gall. *brigo- brio-*, rom. *brivo-*, entsprechen. Hiezu *brivido* (Diez IIa, S. 360) nach Foerster, Zeitschr. f. rom. Phil. V, 99.

brocca brocco S. 68.
Zu den lat. Glossen vgl. Loewe, Prodr. S. 80 u. 391. Das gäl. *brog* „a shoe-maker's peg awl; a probe, a poker" muss entlehnt sein; denn es steht ganz vereinzelt, wenn man von einigen frz.-bret. Wörtern absicht. Dagegen kennen alle Inseldialecte den Stamm *brocc-* „Dachs": air. *brocc* neuir. gäl. *broc* cymr. corn. *broch* bret. *broc'h*. Es ist von rom. *brocco-* „Spitze" kaum zu trennen; wie wir einen Hund mit *Spitz* und die Franzosen den Hecht mit *brochet* bezeichnen, so haben die Inselkelten den Dachs nach seiner Gestalt *brocc-* genannt. Somit ist keltischer Ursprung der romanischen Wörter wahrscheinlich.

broglio S. 69.
Der cymr. Stamm *brog-* aus *broc-* kommt nicht in Frage; wohl aber altkelt. *brog-* und *brogi-* in ir. *bruig* cymr. corn. bret. *bro* „Bezirk, Gegend, Land" gall. *Allo-broges* u. a. (s. Glück, Kelt. Namen S. 26; Zimmer, Kelt. Studien S. 117)[1]. Vom Stamme

---

[1] Die ältere Form des Stammes ist *mrog-*, vgl. den air. Dat. Pl. *mruguib*. Das gallische *brog-* spricht nicht dagegen, wie Zimmer meint, da

brogi- kann *brogilo-* „kleiner Bezirk", dann „umzäunter Bezirk"
abgeleitet sein; zum Suffix vgl. Gramm. Celt.² S. 766. Die Verba
brogliare etc. wären dann davon zu trennen und mit Scheler zu
d. *brodeln* zu stellen.

broza S. 70 u. 711.

Neuir. *bruis* ist engl. *brush* mit irischer Orthographie. Cymr.
brwysol „growing luxuriantly" (? O. Pughe) gehört vielleicht zu
ir. *brossnai brosnae brosna* „Reisbündel", cymr. *broes* „a winding
stick" (O. Pughe), „a small pointed piece of wood" (Spurrell)[1],
ferner cymr. *brwyn* corn. *brunnen bronnen* bret. *broenn brouann
brenn* „Binsen" (Gramm. Celt.² S. 1076; Stamm *broxn- *bruxn-).
Vergleicht man *bronco* „rauh" und frz. *bronche* „Strauch" (Diez
S. 69), *brusco* „unfreundlich" und *brusco* „Stechpalme" (S. 71),
so liegt es nahe mit kelt. *bruxn- broxn-*, dialectisch *brossn-*[2],
asp. *brozno brosno* „rauh, barsch" (S. 434) zu verbinden. Vielleicht hat sich auch sonst kelt. *brŭr- brox- bross-* mit d. *burst-
horst-* gemischt, vgl. span. *bruxa* (S. 434).

bruire S. 71; vgl. unten s. v. *braire.*

1. **brusco** S. 71; vgl. unten s. v. *frusco.*

calare S. 78.

Neben gäl. *cala* findet sich die lautlich gleichwerthige
Schreibung *caladh*; das Verbum *cal-* existiert nicht, nur das
abgeleitete *calaich-.*

camicia S. 79.

Air. *caimmse* ist ein Lehnwort — das zeigt das erhaltene
intervocalische *s* — und zwar keines von den frühsten; sonst
wäre *m* in nasales *v* übergegangen und könnte nicht durch *mm*
bezeichnet werden. Dasselbe gilt von corn. *cams* bret. *kamps* f.;
letztere sind durch die Kirchensprache eingeführt, wie die spezielle Bedeutung „weisses Priestergewand, Alba" beweist. Dagegen bezeichnet meymr. *camse* (Mabin. II, 218) ein Frauen-
gewand von feuerrother Seide; die Wiedergabe von lat. *-ia*
durch cymr. *-e* ist durchaus ungewöhnlich; da frz. *chanse* etwas
weit abliegt, mag *camse* aus dem Irischen entlehnt sein.

---

uns im Gallischen keine Namen mit *mr- ml-* überliefert sind. Warum
sollte der Wandel von *mr-* zu *br-* auf dem Festlande nicht tausend Jahre
früher erfolgt sein als im Irischen?

[1] Vielleicht eher aus frz. *broche* entlehnt.

[2] Vgl. die gallischen Eigennamen *Andoxus* und *Andossus* (Gramm.
Celt.² S. 47).

Damit ist natürlich nicht ausgesprochen, dass *camisia* nicht aus dem Gallischen in's Lateinische eingedrungen sei. Das Suffix *-isio-* ist auf dem Festlande sehr gebräuchlich (s. Einleitung S. 17); es ist wohl ursprünglich durch Antritt von *-io-* an *s*-Stämme entstanden. Sollte it. *camice* frz. *chainse* einen Casus obliquus des Stammes **cames-* **camis-* wiedergeben? Eine weitere Frage ist, ob dieser Stamm im Gallischen einheimisch war; und diess erscheint zweifelhaft. D. *Hemd* urgerm. **kamitja-* scheint seinem Stamme nach fest im Germanischen zu wurzeln; es hat auch einen alten *s*-Stamm neben sich in anord. *hams* (aus **hamisa-*) „Schlangenbalg" (s. Kluge s. v. *Hemd*). Da aus **kamitja-* nicht wohl direct vulgärlat. *camisia* entstehen konnte, hat Kluge's Annahme grosse Wahrscheinlichkeit, das keltische *camis-* *camisia* sei aus dem Deutschen entlehnt und weiter in's Romanische gedrungen; denn eine keltische Wurzel *kam-* „umhüllen, bekleiden" ist bis jetzt nicht nachgewiesen.

Schliesslich ist noch das brittische Wort für „Frauenhemd" cymr. *hefys* (bei Davies *hefis*) corn. *hevis* bret. *hiñwiz hiviz* zu besprechen. Abgesehn vom Anlaut stellt es die regelrechte Entwicklung des früh entlehnten *camisia* dar. Aber woher das *h* für *c*? Rhys (Archaeolog. Cambr. 1873 S. 359) ist der Ansicht, es gehe auf mlat. *chamisia* zurück. Aber wir sehen ja, dass die Romanen, von denen die Britten gewiss das Wort entlehnt haben, den Anlaut als *ka-* sprachen; überhaupt wäre die Wiedergabe von griech.-lat. *ch* durch *h* ganz abnorm. Es wird sich nicht abweisen lassen, dass das brittische Wort durch das deutsche beeinflusst worden ist und zwar, da dieses den Angelsachsen fehlt, von einem festländischen Dialecte aus. Das Nähere des Vorgangs ist einstweilen dunkel.

cammino S. 81.

Cymr. corn. *cam* bret. *kamm*, Oxf. Gl. Plur. *cemmein*, ir. *céim* Pl. *cemmen* ist ein alter neutraler *men*-Stamm; er ist aus **cengmen-* entstanden, Subst. verbale zu ir. *cingim* „ich schreite", und bedeutet „Schreiten, Schritt". Davon scheint weitergebildet corn. *cammen*, cymr. *caman* (? fehlt bei Davies und Lhuyd) f. „Weg", vielleicht der alte Plur. Neutr. **cammena* „Schritte". Auch das Gallische mag einen ähnlichen Stamm **cammino-* „Weg" besessen haben, vielleicht vermittelt durch ein dem it. *camminare* entsprechendes Verbum. Das Suffix wäre bei der Entlehnung

mit rom. -ino vertauscht worden. Ueber gall. britt. am an — ir.
em en s. unten s. v. maint.

camuso S. 83.

Ir. camus gäl. camas „Bucht" kann camuso nicht direct entsprechen. Jenes ist ein u-Stamm, von camm „krumm, gebogen,
schief" abgeleitet mit dem sehr gebräuchlichen Substantivsuffix
-us aus -estu- -essu-, und würde gallisch etwa *cambessu- *cam-
bissu- lauten. Doch mag es eine verwandte Bildung sein. Dem
ir. camm entspricht zwar gall. cambo-; doch ist nicht zu zweifeln,
dass auch im Gallischen mb dialectisch zu mm geworden war
(s. unten s. v. gamba). Das Gallische besitzt die drei Suffix-
formen -ŭs- (Volŭsius), -ûs- (Padûsa) und -uss- (Catussa), das
letztere wohl aus -us-t- entstanden (s. Gramm. Celt.² S. 785 f.
und d'Arb. de Jubainv., Études gramm. S. 31* ff). Dem zweiten
entspricht camuso, dem dritten fr. chamoissier, ursp. wohl „zum
camus machen, das Gesicht quetschen", dann „quetschen" überhaupt; camoissié wird besonders häufig in Verbindung mit vis
gebraucht (s. Godefroy s. v. chamoisier).

canto S. 85.

In Bezug auf cymr. cant „Reif des Kreises" breton. kañt
„cercle, circonférence" stimme ich Diefenbach (Orig. Eur. S. 279)
bei; es sind Lehnwörter aus dem Romanischen, ob „frühe" mag
dahingestellt bleiben[1]. Cymr. cantel m. cantell f. „Reif" entsprechen afr. cantel chantel „Schildrand, Schildreif" und seiner
Nebenform chantele; das Suffix und das erhaltene nt bezeugen
die Entlehnung.

Ist lat. cantus keltischen Ursprungs, dann ist es aus *cam-
bitos *cammitos gekürzt oder direct aus *cam(b)tos entstanden.

capanna S. 85.

Cymr. cab m. „Hütte aus Ruthen, die in die Erde gesteckt
und oben zusammengebunden werden" (O. Pughe), caban m.
„booth, cabin" sind von roman. cappa nicht zu trennen; nur
weisen sie auf einen Stamm mit einfachem p (vgl. capa bei
Isidor); männliches Geschlecht zeigt ja auch capello etc. Die
Bedeutung von cab wird auch die ursprüngliche von capanna
und cappella sein. Die Formen mit erhaltenem p cymr. cap m.
capan m. corn. capa bezeichnen das Kleidungsstück cappa. Der

---

[1] Dass cant in Cantion, dem alten Namen von Kent, enthalten sei,
ist sehr zweifelhaft (s. Rhys, Celtic Britain S. 280).

Stamm ist den Inselkelten sonst unbekannt, also wohl eingeführt. Denu gäl. *ceap* neuir. *caipin* „Kappe" sind sicher entlehnt. Im Gallischen lässt sich wenigstens das Suffix -*anna*
nachweisen, s. Gramm. Celt.² S. 774.

caragollo S. 88.

Gäl. *carach* „whirling, circling; deceiving, deceitful" gehört
zum Subst. *car* = alt- und neuir. *cor* Gen. *cuir* „Bewegung,
Wurf", namentlich „bogenförmige Bewegung". Die Betonung
des Bogens — *car* kann selbst die Krümmung eines Stockes
bezeichnen — scheint speziell gälisch zu sein. Das Wort wäre
gall. *coros oder *curos, liegt also von *caragollo* und Verwandten
lautlich weit ab.

cayo S. 94.

Das gallische Wort scheint erhalten in *caio* gl. *breialo sive
bigardio* in Endlichers Glossar (Kuhns Beitr. z. vergl. Sprachf.
VI, 230); *breialo* ist wohl gleich *brogilo* (s. *broglio*, Diez S. 69);
das Wort wird etwa „Umzäunung, Umwallung" bedeuten. Der
altbritt. Plural lautet in den Oxf. Glossen *caiou* (gl. *munimenta*).
Das altir. Wort *cae* „Haus" (ursp. „eingefriedigter Platz"?) ist
vielleicht schon im St. Galler Codex 51ᵇ, 3 belegt im Compositum *cerddchae* (gl. *officina*), später *cerdcha* (gl. *fabrica*), heute
ceárdcha „Schmiede" von *cerd* „Handwerker, Schmied" (= lat.
cerdo) und *cae* ¹. — Davon verschieden scheint altir. *cai* neuir.
in Connaught *caoi* „Weg, Strasse". Vielleicht lassen sich beide
Wörter vereinigen, wenn gemeinkeltisch die erste Bedeutung
„Wall, Damm" war; in sumpfigen Gegenden fällt „Damm" und
„Strasse" leicht zusammen.

chiasso S. 97.

Ir. *glas* „lamentation" (O'Reilly) ist unverbürgt.

cincel S. 99.

Bret. *quizel*, wie cymr. *cis* „slap, pat, blow", *cisio* „to slap,
strike", erweisen wohl, dass es vulgärlat. neben *caedere caesum*
ein den Composita assimiliertes *cidere *cisum gab, wie *clüdere*
neben *claudere*; daraus wird *cisorium* und *cisellum (Demin. von
caelum) geflossen sein.

1. **cocca** S. 101.

Gäl. *sgoch* f. „a gash, incision" gehört zum Verbum *sgoch-*

---

¹ Doch lässt sich das Wort auch als Ableitung von *cerd* fassen,
ursp. *cerddciä.

„to gash, to make an incision", und dieses ist nur eine dialectische oder graphische Nebenform von *sgoth- sgath-* neuir. *sgath-* „to lop off, to prune, to cut off, to make a puncture or incision, to bite or sting, to injure, to hurt" und entspricht altir. *scothaim* „beschneide, schneide ab". Dieser Stamm *scot-* kann mit *cocca* nichts zu thun haben. Sollte letzteres nicht ursp. einfach „Höhlung" bedeutet haben und mit 2. *cocca* identisch sein?

Altgäl. *coca* „hohl" kenne ich nicht, nur *coca* „Boot", das romanische Wort.

2. cocca S. 102.

Ueber *concha-coccia* etc. s. Flechia, Arch. glott. II, 335 ff. Der Schwund des *n* in *concha* bleibt räthselhaft; vielleicht hat ein anderes Wort darauf eingewirkt. Air. *cúach* m. „Trinkschale", gäl. auch „bowl of a nest", cymr. *cawg* m. „Becken" werden lat. *caucus* „Trinkschale" gleichgestellt (Stokes, Goidelica² S. 58). Die Laute weisen aber auf *côcus*. Neben letzterem mag eine Form *coccus* bestanden haben, welcher cymr. *cwch* masc. „linter. cymba" (Davies), „round concavity, boat, hive, crown of a hat" (Spurrell) direct entspricht. Dazu könnte rom. *cocca* weibliche Nebenform und *cocchio* Deminutiv sein. Cymr. *cwch* ist offenbar ein altes Lehnwort; corn. *coc* Pl. *cucu* „Boot" ist = rom.-engl. *cock*, bret. *kokel koked* = afr. *coquet*.

combo S. 104 u. 715.

Für das von Glück (Kelt. Namen S. 29) angeführte ir. *comar* ist die Bedeutung „Thal" mehr als zweifelhaft. Cymr. *cwm* (regelrecht aus *cumbo- comb-*) und die keltischen Ortsnamen, die Glück aufzählt, könnten also, mit Ausnahme des Männernamens *Andecumborius*, aus der römischen Zeit stammen. Immerhin macht ihre grosse Anzahl wahrscheinlich, dass der Stamm *cumbo- comb-* ein einheimischer war; vgl. bret. *koumm* m. „vague de la mer". Entlehnt ist bret. *komb kombañt koumbañt* m. „vallon"[1].

Das Adj. *comb* „krumm, gebogen" sieht Stokes (Corn. Gloss. S. 157) in corn. *comb-rican* „lituus". Ueber d. *Kumpf Kumme* vgl. Kluge s. v.

compasso S. 106.

Cymr. *cwmp* existiert nicht, sondern ist erschlossen als Grundwort von *cwmpas* „circuitus, circulus" aus afr. *compas*

---

[1] Bret. *komm* „auge" ist = cymr. *cafn*, also unverwandt.

engl. *compass*. *Cumpard compawd compod* „Compass" hat das Suffix vertauscht.

cucco S. 114.

Irisch heisst der Kukuk *cúach* f., was auf eine Form *côcâ *coucâ* zurückgeht; dagegen cymr. corn. *cog* f., Grundform *côcâ *cúcâ*.

daga S. 116.

Gäl. neuir. *dag*,Pistole" und die bret. Wörter stehen ganz vereinzelt und sind sicher entlehnt. Ir. *daiger* „Blitz", an das man etwa denken könnte, hat spirantisches *g*, steht also lautlich fern.

dileguar S. 119.

Span. *desleir* entspringt offenbar einem keltischen Stamme; vgl. air. *legaim* „schmelze" (vom Schnee), „löse mich auf" (von Leichnamen), gäl. neuir. *leagh-* „to melt, to liquify"; cymr.*lleith*, jetzt *llaith* (Stamm *lecto-* oder *licto-*) „Tod (Auflösung)", als Adj. „feucht, flüssig" (= bret. *leiz*, in Vannes *leic'h*); davon *dadleithio* „to melt, to dissolve" = *desleir*. Auch einige Formen der andern rom. Dialecte mögen daraus geflossen sein, so frz. *délayer alayer alier* (s. Foerster, Zeitschr. f. rom. Phil. VI, 108).

drappo S. 123.

Vgl. Baist, Zeitschr. f. rom. Phil. VI, 117. — Wenn vedisch *drâpi* „Mantel, Gewand", zend *drafsha* „Banner", lit. *drapanà* „Kleid, Gewand" mit unserem Worte zusammenhängt, dann jedenfalls nicht durch Vermittelung des Keltischen, wie Grassmann (Wörterb. zum Rigveda S. 646) meint; denn altes *p* ist im Keltischen verloren.

drudo S. 123.

Das Verhältniss der keltischen Wörter bedarf der Aufklärung. Was ir. *drúth* betrifft, kennen es weder das Gälische noch das Neuirische. Altirisch bedeutet es „toll, verrückt"; es wird glossiert durch *oinmit* „Narr" (Cormac übers. S. 59). Die Bedeutung „Hure" scheint mir sehr zweifelhaft. In Cormac's Glossar (Three Ir. Gloss. S. 29) wird *merdrech* (= lat. *meretrix*) etymologisch erklärt: *mear .i. drúth 7 drech .i. boeth. Merdrech didiu .i. drúth baeth*, d. h. *mer* (toll) ist gleich *drúth*, und *drech* ist gleich *boeth* (einfältig); also ist *merdrech* gleich „toll und einfältig". Nun findet sich allerdings im Cod. B. (Corm. übers. S. 59) eine Glosse beigefügt: *druth .i. merdreach* („Hure") mit einer etymologischen Erklärung; aber diess dürfte einfach eine

Umdrehung der obigen Glosse sein, die sich nun auch durch
die späteren Glossare hindurchzieht. — Dem air. *drúth* steht
gegenüber cymr. *drud* „audax, fortis, strenuus", ursprünglich
„tollkühn"; die Identität wird unzweifelhaft durch die alte Erklärung: *sef yw drud dyn ynfyd „drud* ist nämlich ein toller
Mensch", worin *ynfyd* lautlich und begrifflich durchaus dem
obigen *oinmit* entsprecht (Stokes, Cormac übers. S. 59). Mit
diesem keltischen Worte kann also *drudo* „Freund, Geliebter"
nichts zu thun haben[1]. — Aber es findet sich ein cornisches
Wort *druth* f. „Hure"; wenigstens führt es Williams in seinem
Lex. Cornu-Brit. an, freilich ohne Beleg. Lhuyd (Archaeol. Brit.
S. 89) giebt als Aequivalent von lat. *meretrix* nur corn. *hora*.
Wenn jenes vorkommt, ist es wohl aus frz. *druc* entlehnt, als
dasselbe noch *druthe* lautete; ebenso ist cymr. *drud* „carus"
gewiss das romanische Wort. — Somit ist die von Diez ange-
nommene Herkunft aus dem Deutschen für *drudo* „Geliebter"
gesichert.

Aber der Uebergang von „Freund, Geliebter" zu „üppig,
behäbig, dicht" wäre doch wohl auffallender, als Diez annimmt.
Stammt dieses *drût-* aus dem Keltischen? Cymr. *drud* und ir.
drúth decken sich in den Consonanten vollkommen; der auslautende war ursprünglich -*t*. Nicht so in den Vocalen. Cymr.
u entspricht, soweit die Lautgesetze bis jetzt festgestellt sind,
niemals ir. *û* ausser in Lehnwörtern. Das Wort muss aus dem
einen Sprachzweige in den andern herübergenommen worden
sein, als der Stamm noch *drût-* lautete. Welchem es ursprünglich angehörte, ist schwer zu entscheiden. Im Irischen scheint es
früh ungebräuchlich geworden zu sein und steht ganz vereinzelt.
Gäl. neuir. *druis* „lust", *druiseil* „lustful", *druiscach* „lecherous",
die sich dazu zu stellen scheinen, sind aus afr. *druge* entlehnt
(s. Godefroy s. v.). Im Cymrischen werden wenigstens einige
Ableitungen und Composita gebildet. Wie dem auch sei, es
deckt sich begrifflich nicht mit dem franz. Worte in seiner ur-
sprünglichen Bedeutung. Hier scheint die Bedeutungsentwicklung zu sein: „dicht, dick, fett, wohl genährt, wohl gedeihend"
und daher „üppig, munter" (s. Gachet s. v.); ebenso genuis. *druo*
„dicht, dick". So kann sehr wohl der flügge Spatz *dru* ge-

---

[1] Cymr. *drythyll trythyll* „lascivus, salax, petulans" = ir. *dretill*
„Liebster" stehen lautlich ganz fern.

nannt werden und ebenso der „fette" Boden. Diess liegt aber weit ab von keltisch „toll, verwegen".
Woher nun dieser Stamm? Gachet erinnert an altnord. *driugr* schwed. *dryg*; hiegegen erhebt aber das Bretonische Einsprache. Bret. *druz dru* bedeutet „fett" von der Suppe, vom Fleisch, vom Boden, und davon abgeleitet ist *druzoni*, im Dialect von Vannes *druc'honi*, „Fett" der Suppe, des Bodens etc. Es ist also offenbar identisch mit dem französischen Wort und, da nur das bretonische Keltisch diese Bedeutung kennt, daher entlehnt. Nun geht aber bret. *z* = vann. *c'h* zunächst auf eine dentale Spirans zurück und diese ist häufig aus intervocalischem *d*, nie aber aus *g* entstanden; diess weist also deutlich auf eine Form *drudo* oder direct auf *druth*, f. *drude*[1].
Somit bliebe die Etymologie des rom. **drûto* „dicht" noch zu suchen. Das Altirische besitzt eine Wurzel *dlû-* mit mehrfachen Ableitungen: *dlúith* „dicht" (Stamm *dlûti-*), daher *dlúthaim* „mache dicht" (*ru-n-dlúth* gl. *quas densaverat* Ml. 33ᵃ, 17); ferner *dlúim* „Masse, Menge" (Stamm *dlúmi-*), daher *dlúmigim* in: *ro-n-dlúmiged-ni in-óen-chorp tri-baithis* (gl. *in unum corpus babtizati sumus* Wb. 12ᵃ) „wir sind in einen Leib zusammengeballt worden durch die Taufe"; *dlúthe* „Dichtigkeit" (Stamm *dlútid*), *dlúth* „Weberzettel, Aufzug" (Stamm *dlûto-*); gäl. *dlúth dlúith* heisst „dicht dabei". Wir dürfen also einen gallischen Stamm *dlûto-* „dicht" ansetzen, genau entsprechend dem rom. *drûto-*. Der Romane kannte kein *dl-* im Anlaut; ist es nicht sehr wahrscheinlich, dass er das keltische Wort herübergenommen hat mit der leichten Aenderung von *dl-* zu *dr-*?

duna S. 124.
Der Ursprung ist zweifellos keltisch. — Air. *dún* ist ein neutraler *s*-Stamm, urspr. **dûnos*.

escupir S. 128.
Von den bei Diefenbach (Goth. Wörterb. II, 296) aufgeführten Wörtern ist cymr. *cwybr* eine dissimilierte Nebenform von *crwybr* „scum, honeycomb", bei Davies „favus, faex mollis". Bret. *skop skopadenn* „crachat avec bruit et effort", *skopat skopein* „cracher", *skoper skopour* „cracheur" u. a. gehören natürlich dem

---

[1] Unmöglich ist nicht, dass auch cymr. *drud* air. *drúth* früh aus rom. *drûto* entstanden sind, indem sich aus der Secundärbedeutung „üppig" weiter „tollkühn" entwickelte.

romanischen Stamme an. Gäl. *cop* „foam", *copadh* „foaming"
ist schon im Mittelirischen belegt als *copp* (s. Stokes, *Togail
Troi* S. 147); es bezeichnet daselbst den schäumenden Gipfel
der Woge[1]. Die Lautgestalt von *copp* deutet auf Entlehnung;
es ist ohne Zweifel das ags. me. *copp* „Gipfel, Spitze". — Cornu
(Romania IX, 130) führt *escupir* auf **escuspir = exconspuere*
zurück.

falcone S. 132.

Die Existenz von ir. *faolchon* „Falke" (Lhuyd, Arch. Brit.
S. *M*) erscheint sehr zweifelhaft. Cymr. *gwalch* statt **falch* —
vgl. corn. *falhun* bret. *falc'hun falc'hon falc'han* — erklärt Diefenbach mit Recht aus dem Einflusse von ags. *wealh-hafoc* „wäl-
scher Habicht". An keltischen Ursprung des Wortes (s. Kluge)
ist nicht zu denken; *f* im Anlaut kennt das Altkeltische nicht.

fello S. 136 u. 719.

Cymr. *ffel* „verschlagen, listig, klug", das sich durch seinen
Anlaut deutlich als Fremdwort kennzeichnet, hat seine Bedeutung aus frz. *fel* „schurkisch" entwickelt; vgl. rom. *vitiosus vitia-
tus*. Das Mittelcymrische kennt noch *ffelwnyaeth = fr. félonie*.

fiasco S. 138.

Aus dem Keltischen weiss ich nichts Verwandtes anzuführen; Wörter wie cymr. *fflasg* „a basket, a flask" sind schon
ihrer Gestalt wegen unzweifelhaft entlehnt. Doch könnte man
die Umgestaltung von *vasclum* zu **vlascum* keltischem Einflusse
zuschreiben, da das Keltische den Anlaut *vl-* liebt.

fianella S. 141.

Flanella ist gewiss aus dem kelt. Stamme *vlan-* cymr. *gwlan*
corn. *gluan glan* bret. *gloan* „Wolle" herzuleiten; *vlan-* ward zu
flan- wie *paraveredus* zu *palafredus*. Die ir. gäl. Form ist *olann*
fem., zunächst wohl aus **ulnâ* und dieses aus **vlnâ*, vgl. lit.
vilna got. *(v)ulla* lat. *(v)lâna* skr. *ûrṇa*.

freccia S. 147.

Ndl. *flits* scheint selber vereinzelt zu stehen und der Erklärung zu bedürfen. Wenn die Schreibung *flesche* etymologischen Werth hat, lässt sich folgender Vergleich ziehen. Das
Altirische besitzt ein Wort *flesc* f. aus **vlisca* „Ruthe, Stäbchen,

---

[1] Vgl. *Tog. Tr.* 992: *con-erracht in muir ... ina coppaib glegela
glânalli* etc. „da erhob sich das Meer in seinen glänzend-weissen, klar-
schönen Schaumgipfeln" („the sea arose ... in its bright-white beautiful
crests" Stokes).

Gerte, Strich eines Buchstabens". Bedeutung und Form lassen
es mit frz. *flesche* vereinigen; *fl-* aus gall. *vl-* wie in *flanelle*.
Vom Französischen müssten die übrigen romanischen Formen
ausgegangen sein, wie wohl auch bei der alten Herleitung angenommen wurde.
Eine andere Entwicklung von **vliscá* erscheint in norditaḷ.
viscla vis'cia etc. „Gerte" (s. Mussafia, Beitr. S. 121).

furon S. 149.
Cymr. *ffured* = frz. *furet* und bret. corn. *fur* altcymr. *ffur*
„schlau, klug" sind, wie der Anlaut lehrt, Fremdwörter, letzteres
aus lat. *fur* oder *furo* entlehnt; zur Bedeutung vgl. cymr. *ffel*
oben s. v. *fello*.

gabbo S. 150 u. 720.
Ich kann in den keltischen Dialecten nichts finden, was
den Ursprung aus diesem Sprachstamme wahrscheinlich machte.
Gäl. *gab* „a mouth never at rest, a tattling mouth", *gabach*
„garrulous", *gabaire* „a garrulous fellow" stammt gewiss aus
me. *to gabben* „to talk idly", das dem romanischen Verbum entsprungen scheint. Daneben steht in gleicher Bedeutung gäl.
neuir. *gobach gobaire*; überhaupt wechselt und mengt sich dieser
Stamm mit ir. gäl. *gop gob* „Schnabel", auch „Mund". Letzteres
kann nicht aus nir. *gulba* „Schnabel" verstümmelt sein; denn
es kommt früh vor. In Cormac's Glossar bezeichnet der Plural
das Gebiss der Zange; mittelir. bedeutet es auch die Schnauze
des Pferdes (s. Windisch, Ir. Texte S. 599 u. 600). Ir. *gop gob*
entspricht cymr. *gwp* „rostrum" (Davies), „a bird's head and
neck" (O. Pughe). Urverwandt könnten die Wörter nur sein,
wenn der Stamm **gubbo- *gobb-* war; Stämme mit doppelter
Media sind aber im Keltischen bis jetzt nicht nachgewiesen,
abgesehen vom zusammengesetzten altir. *cretim* „ich glaube".
Vielleicht gehören diese Wörter zu fr. *gobet gober* (s. Diez S. 599
s. v. *gobbe*)[1].
Ein dritter Stamm, der sich hineinmengt, ist gäl. *cab* „a notch,
a gap; a mouth with broken teeth", offenbar aus engl. *gap*. Auch
davon wird ein *cabaire* „tattler, a prating fellow" gebildet.
Bret. *goap* „Scherz, Spott", wovon *goapaat* „spotten", *goapauz*
„spöttisch" ist identisch mit norm. *gouaper* „scherzen", welches
Diez zu *guappo* stellt (S. 177).

[1] Oder aus ags. me. *copp* „Gipfel, Spitze", me. auch „Kopf"?

gabella S. 150 u. 720; s. unten s. v. *gavela*.

gafa S. 150.

Gäl. *gaf gafa* „Haken" im Dict. Scoto-Celt. aus Lhuyd (wo?) citiert und als ungebräuchlich bezeichnet, ist sicher das rom. Wort. Dass dieses aus ndl. *gaffel* verstümmelt sei, scheint mir die nächstliegende Erklärung.

gagliardo S. 151.

Die kelt. Wörter gehören wohl verschiedenen Stämmen an: 1. cymr. *gallu* corn. *gally* bret. *galloud* „im Stande sein, können"; daher die Nomina cymr. *gallu* corn. *gallos* bret. *galloud* „Fähigkeit, Macht". Ebel (Kuhns Beitr. II, 178) und Rhys (Lectures [2] S. 117) vergleichen diesen Stamm mit lit. *galiu galéti* „können"; letzterer versucht auch eine Erklärung des doppelten *l* (S. 205). 2. Altir. *gal* f. „Tapferkeit, Kriegslust, tapfere That", Stamm **gald*, womit d'Arbois de Jubainville den Namen der *Galater* zusammenstellt; dazu die Adj. *galuch galdae* „tapfer".

galerno S. 153.

Der Anlaut des bret. Wortes schliesst von vornherein neu-ir. *gal* „Dunst, Rauch" aus; neuir. *gála* „Windhauch" ist aus engl. *gale* entlehnt. Bret. *gwalarn gwalern gwalorn* „Nordwest" ist dunkel; die Auflösung in *gwall* „mauvais" und *arned arne* „orage", also ursprünglich „schlimmes Gewitter" (Le Gonidec), ist etymologische Spielerei. Auch scheint das Wort an und für sich nur die Himmelsgegend zu bezeichnen, erst *avel gwalarn* „Nordwestwind". D'Arbois de Jubainville (Études gramm. S. 14) betrachtet es als weitergebildet aus einem Stamme, dem cymr. *gogledd* „Norden", eigentlich „zur Linken", entspricht[1]; vgl. bret. *kleiz* „links". Wäre das Wort nur neubretonisch, so wäre diese Erklärung möglich; die Entwicklung wäre etwa **vo-cliderno- *goglezern *goelern *goalern gwalern*, indem *g* (aus *c*) vor *l* zu *i, e* werden und *z* zwischen Vocalen verstummen kann (s. Rev. celt. V, 127). Allein das Wort ist alt und im Romanischen früh bezeugt (fr. *galerne* Karls d. G. Reise V. 354). Aus dem Keltischen weiss ich es nicht zu deuten.

gamba S. 154.

Altsp. (cat.) bearn. *cama* zeigen, dass *mb* dialectisch auch im festländischen Keltischen zu *mm* (*m*) geworden war. Auf

---

[1] Dagegen S. 42 begnügt er sich, eine Grundform **ral-arno-s* (?) aufzustellen.

dialectische Unterschiede könnte auch die prov. sard. churw. Form *comba* weisen; doch liegt Vermischung mit dem Stamme *comb-* näher (s. oben s. v. *combo*). Vgl. *jante* und *canto*.

ganta S. 155.

Das kelt. Wort für „Gans" ist air. *géd*, gäl. neuir. *géadh*, cymr. *gẃydd*, acorn. *guit*, später *goydh*, bret. *graz* vann. *gwai*, alle zunächst auf einen Stamm *geid- géd-* weisend. Das Altirische kennt noch *géis* „Schwan". Stamm **gansi-*. Neuir. *gandul* gäl. *ganradh* ist aus engl. *gander* entlehnt[1].

garra S. 157 u. 721.

Auch corn. *gar* Pl. *garrow* „Bein". Cymr. *garr* übersetzt Davies mit *poples*. Die Zugehörigkeit von bret. *garan* „rainure" ist zweifelhaft. Aus dem irischen Sprachzweige ist nichts Verwandtes bekannt.

gatto S. 158.

Beide Geschlechter sind im Keltischen vertreten; cymr. corn. *cath* ist fem., dagegen bret. *kaz* Pl. *kisier*, in Vannes *kac'h* Pl. *kic'hier*, ir. *cat* masc.; gäl. *cat* comm. Der regelrechte Wandel des *tt* in den brittischen Dialecten, welcher etwa im 5. Jahrhundert stattgefunden zu haben scheint, bezeugt das hohe Alter dieses Wortes. Ein irischer Fürst *Coirbre*, dessen Regierung von den irischen Annalisten in die Mitte des 1. Jahrhunderts n. Chr. gesetzt wird, führt den Beinamen *Cenn Cait* „Katzenkopf". Beachtenswerth ist auch der Gebrauch von Katzenfleisch bei der altirischen Zaubereeremonie *Imbas Forosnai* (Cormac übers. S. 94).

gavela S. 158.

Da einerseits nirgends anlautendes *c* sich zeigt, andrerseits prov. *v* eher auf ursp. *b* als auf *p* weist, liegt der kelt. Stamm *gab-* näher. Er zeigt sich in ir. *gabim* „ich nehme, ergreife". Inf. *gabál gabáil* = cymr. *gafael* corn. *gavel* „Halten, Fassen, Griff"; dieser Stamm mischt sich im Cymrischen mit dem Verbum *cael cafael caffael* „haben, bekommen" (verwandt mit lat. *capere?*). Das Suffix der kelt. Wörter ist nicht identisch mit rom. *-ella*.

Auch in rom. *gabella* (Diez S. 150) suchen einige diesen Stamm (vgl. Skeat s. v. *gavelkind*), vielleicht mit Recht; air. *dinab gabalib* glossiert „de collectis" Wb. 13ᵈ.

[1] Unsicher ist die Glosse *guod .i. geis* (Lhuyd), da *geis* verschieden übersetzt werden kann.

ghignare S. 162.

Cymr. *gwingo* „to wriggle, wince" und „to wink" aus ags.
*wincan und *wincian* (s. Skeat s. v. *wink*).

ghirlanda S. 163.

Scheler führt Chevallet's Herleitung aus dem Keltischen
an [1]. In der That zerlegt sich dem Cymren sein Wort *gwyrlen* f. „garland" ohne Weiteres in *gŵyr* = ir. *fiar* „schief, gebogen" und *llen* „veil, curtain, hangings" = ir. *lend* „Mantel"
corn. *len* „blanket, cloak, whittle". Grundform wäre *weirolendd;
aber die Bedeutung „schiefer Schleier, gebogene Decke" lässt
zu wünschen übrig.
     Eher könnte man als ersten Bestandtheil cymr. *gweir
gwair* „Heu" vermuthen; es bedeutete ursp. auch frisches Gras
wie das identische ir. *fér* (Gramm. Celt.[2] S. 104). Als Praefix
kann es *gwyr-* lauten, vgl. *gwyrlawd* neben *gweirlawd* „Gras-
platz, Wiese". Grundform wäre *wegro-lendd „Mantel oder Be-
hänge aus Gras".
     Ich führe diese Möglichkeit nur an, weil eine andere
Etymologie fehlt. Natürlich liegt die Annahme der Entlehnung viel näher; sicher entlehnt ist bret. *garlañtez*.

giardino S. 164.

Cymr. *gardd* ist aus ags. *geard* oder engl. *garden* entlehnt.
Gäl. *gart* air. *gort* cymr. corn. *garth* bret. *garz* ist das echtkel-
tische dem deutschen entsprechende Wort.

giavelotto S. 164 u. 721.

Toblers Deutung aus *glaive* (Zeitschr. f. vergl. Sprachf. 23,
418) befriedigt nicht, weil sie die Nebenform *gavrelot* unerklärt
lässt. Vielmehr weisen *gavelot javelot, glavelot* und *gavrelot*
gemeinsam auf *gavl-el-ot, dem wohl ein vulgärlat. *gabal-ellus
zu Grunde liegt. Der keltische Ursprung ist wahrscheinlich.
„Gegabelter Ast, Gabel der Schenkel" etc. heisst air. *gabul gobul*
neuir. *gabhal* gäl. *gobhall* cymr. *gafl* bret. *gavl gaol* f. Der ir.
Plural *gabhla* wird geradezu mit *sleagha* „Wurfspeere" glossiert
(O'Clery, Rev. celt. IV, 428)[2]. Ags. *gaflâc gafeloc* ist wohl =
cymr. *gaflach* „Wurfspeer" (Suffix -*acco-*?); doch könnte es auch
dem kelt. Adj. *gabalâcos britt. *gavlôc „gegabelt" entsprechen,
vgl. neuir. *gabhlach* gäl. *gobhlach* cymr. *gaflog*. Ursprünglich mag

---

[1] Daselbst l. gall. *gwyrlen*.
[2] *Gabhla* „Speer" als Sing. ist ein Versehen der späteren Glossare.

die Waffe zweizinkig gewesen sein. — Bret. *gavlod* und *gavlin*
sind hingegen aus dem Französischen eingedrungen.

gonna S. 169.

Ist die Form mit einem *n* die ältere, so ist keltischer
Ursprung wahrscheinlich. Cymr. *gŵn* corn. *gun* m. wird von
Stokes (Ir. Glosses 29) zusammengestellt mit ir. *fúan* n. „Leib-
rock" (glossiert *lacerna* Wb. 30ᵈ); dann ist *gŵn* aus **gwun* contrahiert und die gemeinschaftliche Grundform **vôno-* (aus **vosno-?*).
Trotz dem verschiedenen Geschlechte lässt sich das Wort der
Bedeutung wegen vom romanischen nicht trennen; letzteres wird
auf eine weibliche Nebenform **vônd* zurückgehn. Diess scheint
mir wenigstens wahrscheinlicher als eine sehr frühe Einführung
aus dem Brittischen. Zu rom. *gv* aus gall. *v* s. unten s. v. *guidare*.

geta S. 170.

Gebräuchlicher als bret. *gaved* ist *javed*, einer frz. Mittelform zwischen *gabata* und *joue* entlehnt.

graffio S. 171, **grappa** S. 172.

Auch in den brittischen Dialecten gehen die drei Stämme
crap- craff- und *crav-* (aus *crab-*) durcheinander, z. B. cymr.
crap „raptio, prehensio", *craff* „harpago, fibula", *crafu* „radere,
scalpere" etc. Dazu kommt das ir.-gäl. Verbum *grabb- grab-*
„to obstruct, restrain, hinder". Vgl. Stokes, Zeitschr. f. vergl.
Sprachf. 26, 461. Ob einer der Stämme einheimisch ist, bleibt
zweifelhaft.

greña S. 172.

Gäl. *granni* „langes Haar" ist zweifelhafter Provenienz. Dagegen ist wohlverbürgt air. *grend* „Haar im Gesicht, Backen-
bart, Schnurrbart", gäl. *greann* f. „struppiges, gesträubtes Haar",
daher das Adj. *greannach* „having a dry, bristled hair"; bret.
veraltet *grann* „sourcil, cil", gebräuchlich *your-renn gourenn* f.
„sourcil, paupière", *mour-renn mourenn* f. „moustache, sourcil,
barbe du chat et autres animaux", cymr. veraltet *grann* „cilium,
palpebra". Dieser Stamm *grend- grenn-* stimmt im Vocalismus
besser zum romanischen als der deutsche.

groppo S. 174.

Cymr. *cropa* „Kropf" und gäl. *crup-* neuir. *crap-* „to con-
tract, to shrink" sind nicht einheimisch.

guidare S. 180.

Da weder die Herleitung aus deutschem Stamme noch
Settegasts gezwungene Deutung aus *vitare* befriedigen, über-

diess ein Stamm mit ursp. Media die Formen besser erklärt, werden wir auf das Keltische gewiesen. Zunächst denkt man an das ir. Verbum *fedim* „ich bringe, führe"; doch liegt dieses lautlich weit ab, da die romanischen Wörter langes *i* verlangen; es entspricht lit. *vedù* slav. *vedq*. Vielmehr zeigt wohl den entsprechenden Stamm das primäre Verbum ir. *fiadim*. Als Simplex ist es wenig gebräuchlich; *ad-/fiadim* bedeutet „verkünden, berichten, erzählen", *in-fiadim* übersetzt lat. *indicare* (Ml. 17ᵈ, 8; 30ᵇ, 12). Der ursprüngliche Stamm ist *veid-* = germ. *vitan* (Fick III³, 304), vielleicht griech. *ἄεἰδω*. Gall. *veidâ* *vidd* mag „Weisung", dann „(Weg-) weiser" bedeutet haben; weibliche Abstracta, die zu persönlicher Bedeutung gelangt sind, kennt das Keltische auch sonst, z. B. air. *flaith* f. 1. Herrschaft, 2. Herrscher. Ist diese Etymologie richtig, so liefert sie ein Beispiel des Ueberganges von kelt. *v* zu rom. *gu*; über gall. *î* aus *ei* s. Einl. S. 101.

guscio S. 181.

Das von Littré angeführte gäl. *guiseid* „poche" ist aus engl. *gusset* entlehnt.

iva S. 185.

Dazu bret. *ivin* m. Pl., Sg. *ivinenn* f., ir. *eo* (= *iv-*) neben *ibar* neuir. *iúbhar* gäl. *iubhar* *iuthar*.

lancia S. 187.

Ir. *laigen* „Lanze" cymr. *laïn lain* „gladius, lamina", Stamm *lagin-*, liegt lautlich zu weit ab zur Vergleichung.

landa S. 187.

Der Stamm *landâ* ir. *lund lann* cymr. *llan* corn. *lan* f. ist gewiss auch echt keltisch. Er bezeichnet in den Inseldialecten 1. „Fläche, freier Platz", daher acymr. *it-lann*, jetzt *ydlan*, air. *ithlann* „Tenne"; 2. „eingefriedigtes Stück Land, Hof" in vielen Zusammensetzungen, spez. „Friedhof, Kirchhof", auch „Kirche" überhaupt. Die Bedeutung „Heide" hat nur bret. *lann lan* m., das sich an das Französische anschliesst; der Name ist auf das Heidekraut „Stechginster" übertragen worden. — Das Geschlecht empfiehlt die Herleitung des romanischen *landa* aus dem Keltischen.

---

¹ Alr. *fiadu* „Führer (?)" bei Windisch (Ir. Texte S. 546) ist jedoch in „Zeuge" zu corrigieren; vgl. *fiadain* gl. *testem* Ml. 38ᵈ, 11 und *fiadnaise* „Zeugniss".

lasciare S. 188 n. 729.

Air. *lécim* gäl. *léig-* „lassen" müssen des Vocals wegen aus dem Spiele bleiben.

latta S. 190.

Dem cymr. *llath* f. „Ruthe, Latte, Stange", woraus engl. *lath* entlehnt ist, entspricht ir. *slat* bret. *laz*; der keltische Stamm ist **slattâ*. Ob die deutschen Wörter daher stammen oder unabhängige Bildungen sind, entscheide ich nicht.

lia S. 192.

Da der Grundbegriff offenbar „Bodensatz, was liegen bleibt" ist, stimme ich Scheler bei, der an das deutsche Verbum *liegen* erinuert. Nur ist eher an den keltischen Stamm *lig-* anzuknüpfen; er zeigt sich z. B. in ir. *lige* „Lager", cymr. *lle* corn. *le* bret. *lec'h* „Ort", ursp. „Lage", cymr. corn. *gwe-ly* bret. *gwele* „Bett", eigentl. „Unterlage". Dem gallorom. **līga* (**lega*) **lija* *lia* entspricht genau cymr. *llai* (aus *llei*) im Ortsnamen *Coed y Llai* engl. *Leeswood*. Lebendig ist die Weiterbildung mit Suffix *-id*: *llaid* „limus, lutum, coenum" bret. *lec'hid léit* „tout sédiment d'eau et autre liquide, vase, limon, lie"[1].

liccia S. 193.

Die keltischen Wörter mit *ss* genügen lautlich nicht.

locco S. 195.

Als Bedeutung von gäl. *loguid loguide* m. und f. giebt das Dict. Scoto-Celt. 1. „a varlet, a rascal"; 2. „a soft, cowardly fellow"; 3. „a lean, starving cow". Es dürfte zu *log* gehören, einer Nebenform von *lag* air. *lac* „schwach"; dieses entweder aus lat. *laxus* (s. Güterbock, Lat. Lehnw. im Ir. I, S. 72) oder eher durch Vermittlung von cymr. *llac llag* corn. *lac* aus ags. *sleac* engl. *slak slack*. Ir. *logaidhe* „a fool" finde ich nur bei O'Reilly.

losa S. 197 u. 723.

Vgl. Baist, Zeitschr. f. rom. Phil. V, 245 f. Schuchardt hat ebend. VI, 424 gezeigt, dass *losa* dem bret. *lec'h*, Stamm *liacc-*, fern liegt, dass dagegen der keltische Ursprung des Wortes durch das frühe lat. *lapides lausiae*, vielleicht auch durch den Namen *Lausanne* wahrscheinlich gemacht wird.

macco S. 198.

In bret. *mac'ha* „opprimer, oppresser", *mac'hein* „fouler, com-

---

[1] D'Arbois de Jubainv. (Études gramm. S. 56) zieht bret. *lec'hid* zu *louc'h* „Sumpf, Pfütze". Allein das cymr. Wort gestattet es nicht.

primer", *ann diaoul mac'her* „lo démon incube", *mac'herik* „cauchemar" weist der regelrechte Wandel von *cc* zu *c'h* auf ein hohes Alter des Wortes. Um so auffallender ist, dass die übrigen Dialecte gar nichts Verwandtes zu bieten scheinen; gäl. *mág* „Pfote" liegt weit ab, noch weiter cymr. *mach* „Bürgschaft". Es ist also wohl ein früh aus dem festländischen Vulgärlatein entlehnter Stamm.

magagna S. 199.

Bret. *mac'hagn mac'hign* „verstümmelt", daher *mac'hagna mac'hignein* „verstümmeln" sind sicher entlehnt.

mala S. 200.

Gäl. neuir. *mála máile máladh* „Sack" ist aus me. afr. *male* entlehnt.

mezzo S. 213.

Neuir. gäl. *miotag meatag* „wollener Handschuh" ist seiner Herkunft nach völlig dunkel. Neuir. *mutóg* f. „fingerlose Hand", dann „fingerloser Handschuh" ist offenbar von air. *mut* „kurz, verstümmelt" abgeleitet, das irgendwie mit lat. *mutilus* zusammenhängt. Daneben steht neuir. gäl. *mútan* „Muff, dicker Handschuh", im Vocalismus von engl.-frz. *mitten* bedeutend abweichend. Hängen die Wörter zusammen, so möchte ich eher Entlehnung und Umgestaltung auf Seite des Keltischen annehmen.

1. **mina** S. 214.

So nahe es auf den ersten Blick liegt, gäl. *méin* als Lehnwort aus engl. *mine* zu betrachten, so sicher ergiebt eine genauere Untersuchung, dass der Stamm ein altkeltischer ist. Freilich haben lautgesetzliche Veränderungen den Zusammenhang etwas verdunkelt.

Wir beginnen mit dem Cymrischen. Hier finden wir neben *mŵn* die Doppelform *mwyn*, schon bei Davies: *mwyn et mŵn* „metallum quodlibet fossile rude et non praeparatum", und noch heute sind beide Formen im Gebrauch (Rhys, Lectures[2] S. 415); zusammengesetzt mit *clawdd* „Grube": *mwynglawdd* und *mŵnglawdd* „Bergwerk". Die Form mit *y* ist die ältere, wie die verwandten Dialecte zeigen.

Im Bretonischen ist unser Stamm mit dem Worte für „Stein" (cymr. *maen*) lautlich zusammengefallen; daher bedeutet *men* sowohl „Stein" (altbr. *main*) als „Mineral" (aus *moen*), *mengleuz mengle* sowohl „Steinbruch" als „Bergwerk".

Dem cymrischen *mwyn* entspricht Laut für Laut ir. gäl. *méin*
méinn f. „ore, metal, bullion", *méinn airgid* „silver ore, or a silver
mine". Häufig finden wir im Irischen das abgeleitete *mianach* m.
in derselben Bedeutung; dieses ist früh belegt (s. Windisch, Ir.
Texte S. 689). Der Stammvocal aller dieser Wörter ist *é*, das
auf ursp. *ei* zurückgeht. Der Nasal wird im Neuirischen einfach geschrieben; in der älteren Sprache finden wir dagegen
miannach neben *mianach* (s. Stokes, Rev. celt. V, 247); vgl.
auch gäl. *méinn* und *méin*. Die brittischen Dialecte bleiben hier
stumm; es ist also aus dem Neukeltischen nicht zu bestimmen,
ob wir einfaches oder doppeltes *n* anzusetzen haben. Dem
irischen Worte scheint ein weiblicher *i*-Stamm zu Grunde zu
liegen[1]. Das brittische Wort ist männlichen Geschlechts (resp.
altes Neutrum); welcher Stammklasse es angehörte, ist nicht
mehr zu bestimmen.

Von diesem Stamme *mein-* oder *meinn-* „rohes Metall" ist
das romanische Wort nicht zu trennen. Das prov. *mena* wird
eine dialectische Nebenform repräsentieren, da gall. *ei* bald zu *i*,
bald zu *é* wird (s. Einl. S. 10). Vielleicht zeugen die romanischen Sprachen für einfaches *n*; immerhin ist diess nicht ganz
sicher. Unzweifelhaft scheint mir dagegen, dass die Romanen
diese Bezeichnung des Bergbaus von den Kelten übernommen
haben.

Rhys (a. a. O.) hat also Unrecht, cymr. *mwn* als verkürzte
Nebenform von *mwnai* = engl. *money* anzusehn, wenn auch
letzteres heutzutage die Bedeutung „Metall" angenommen hat;
früher bedeutete es „Münze" (s. Davies).

In demselben Artikel bespricht Diez frz. *mine* „Miene"; das
i macht die Herleitung aus *mener* unwahrscheinlich. Das nicht
vor dem 15. Jahrhundert belegte Wort mag aus der Bretagne
herübergedrungen sein. Bret. *min* f. bedeutet „Schnauze"; nach
Le Gouidec wird es auch vom Menschen gebraucht. Vielleicht
wurde es zuerst in dieser scherzhaft übertragenen Bedeutung
von zweisprachigen Bretonen im Französischen angewendet;
die alte Bedeutung könnte noch durchschimmern in dem von
Littré angeführten Beispiel aus Marot: *Fard est perdu dessus*
mine de singe.

---

[1] Doch ist möglicherweise *méin* der zum Nom. erhobene Casus obl.
eines *ā*-Stammes.

Dem bret. *min* entspricht cymr. *min* m. gewöhnlich „Rand, acies", in poetischer Sprache auch „Lippe, Mund"; ebenso corn. *min meen meyn* m. „an edge, extremity, the lip, the mouth". Damit wird ir. *mén* identifiziert, das mit *bél* „Lippe" glossiert wird (s. Cormac übers. S. 119). Ir. *é* entspricht nicht direct dem britt. *i*; die Wörter können nur verbunden werden, wenn für das brittische ein Stamm auf *-i* (**megni-*) angesetzt wird, in welchem das *e* durch das folgende *i* umgelautet wurde, wie in cymr. *llith* aus lat. *lectio*. Dazu gehört gewiss gäl. *méanan méunan* „a yawn. gape", vgl. mittelir. *mén-scailim* „I gape, yawn" Stokes, *Togail Troi* S. 171. — Engl. *mien* heisst neuir. *méin* gäl. *méinn* f. Ist letzteres das alte *mén* in verschobener Bedeutung, oder ist es Lehnwort? Im ersteren Falle könnte engl. *mien*, früher *meen*, aus dem Keltischen entlehnt und dann weiter in's Französische gedrungen sein. Sichereres vermag ich nicht zu bieten.

2. **mina** S. 214.

Der Stamm *min* „fein, lind, klein" ist freilich auf das Irisch-Gälische beschränkt, wie Mahn bemerkt. Ihm steht corn. *muin moin* bret. *moan moen* „dünn, fein" cymr. *mwyn* „sanft, mild" gegenüber (Gramm. Celt.² S. 32 u. 99), auf einen Stamm *meino-weisend statt ir. *mino-. Welcher von ihnen den romanischen Wörtern zu Grunde liegt, ist nicht zu bestimmen. Mahns Deutung aus *mînimus* verwehrt der Vocalismus. Cymr. *mân* „klein, gering" und *main* (aus *mein*) „fein, dünn" liegen weit ab.

motta S. 218.

Früh neuir. *mota* m. ist aus ne. *mote* neuengl. *moat* entlehnt.

muñon S. 219 u. 725.

Bret. *mogn mougn* „manchot" ist gewiss aus afr. *moign* entlehnt. Dem rom. Verbum, aus dem die Wörter geflossen, comask. *mugná* „abstutzen", läge lautlich lat. *mundiare am nächsten, vgl. *verecundia — vergogna*. Dieses mochte bei Fleischern und Köchen das Säubern eines Fleischstückes, das Wegschneiden der Anhängsel bezeichnen, woraus sich die Ableitungen leicht erklären lassen; vgl. span. *escamondar* „einen Baum putzen, seine Aeste beschneiden" (Diez II b, S. 448). Doch scheint sich das spätlat. *mundiare nicht belegen zu lassen.

ola S. 226 u. 725.

Cymr. *hoewal hoewel* scheint veraltet; schon Davies schwankt hinsichtlich der Bedeutung; er übersetzt es „pars fluminis tardius transiens", bemerkt aber, dass andere es als „alveus fluminis" und „aqua festinans" deuten. Bret. *houl* m. ist Plural (Collectivum) zu *houlenn* f. „einzelne Woge". Sollte das rom. Wort aus dem Keltischen stammen, was ich bezweifle, so müsste es ein ziemlich spätes Lehnwort aus dem Bretonischen sein.

orlo S. 228 u. 726.

Mittelir. *or* m. gäl. *oir* f., sowie alteymr. *ôr*, jetzt veraltet, sind gewiss romanischen Ursprungs. Das kurze *o* im Irischen und die Gestalt des Vocals im Cymrischen zeigt, dass die Wörter verhältnissmässig spät entlehnt sind.

pacco S. 231.

Ir. *paca* „Pack" gäl. *pacaid* „a packet" kennzeichnen sich durch das anlautende *p* als Fremdwörter. Auch bret. *pák* ist kaum einheimisch. Es liegt nahe, an den keltischen Stamm *bacc-* zu denken (s. oben s. v. *baga* und *bacino* No. 2), der sich nur durch die anlautende Media unterscheidet.

palafreno S. 232.

Verédus findet sich Laut für Laut in cymr. *gorwydd* „courser, steed" wieder (s. Glück, Kelt. Namen S. 89; Rhys, Arch. Cambr. 1874, S. 303). Ob es ein frühes Lehnwort oder einheimisch ist, ist ihm nicht anzusehn. Auch der britannische Stadtname *Vereda* ist nicht entscheidend, da er vielleicht ein jüngerer Name des alten *Epeiacon* ist (s. Rhys, Celtic Britain S. 295).

parco S. 235.

Neuir. gäl. *pairc* cymr. corn. *parc* bret. *park* sind Fremdwörter, was für den irischen Sprachzweig das anlautende *p*, für den brittischen das erhaltene *c* nach *r* beweist. Also steht die cymr. Nebenform *parwg* vereinzelt und ist aus me. *parrok* entlehnt. Der keltische Ursprung des Wortes ist nicht zu erweisen.

peltro S. 240.

Die keltischen Wörter neuir. *péatar* gäl. *feodar* cymr. *ffeutar* sind zweifellos entlehnt.

pezza S. 243.

Der keltische Ursprung der romanischen Wörter scheint mir sicher zu stehn. Bret. *pez* m. „ein Stück", cymr. corn. *peth* „ein Theil", dann allgemein „ein Ding, etwas", häufig pronominal gebraucht, gehen lautgesetzlich auf einen Stamm *pett-* zurück, der sich vom rom. Stamme nicht trennen lässt. Wir haben also lat. *pettia pettium* anzusetzen. Gegen das doppelte *i* spricht der Diphthong in frz. *pièce* nicht; denn das Französische diphthongiert auch in geschlossener Silbe, wenn ein palatal afficierter Laut folgt. Ausser den bekannten Fällen wie *lit* aus **lieit* prov. *lieg* lat. *lectus, sis* aus **sieis* lat. *se.x* vergleiche man *nièce* aus **neptia, nice* aus *nescius,* selbst vor *r: tiers* aus *tertius*[1]. Sehr früh, bevor *tt* spirantisch geworden, ist das brittische Wort in's Gälische hineingedrungen[2]; *pet* Gen. *pette* bezeichnet daselbst ein Stück Land und findet sich häufig in schottischen Ortsnamen.

Alles diess zeigt, dass das Wort sich seit alter Zeit in keltischen Dialecten findet. Keltischer Ursprung ist nur sicher, wenn sich im irischen Zweige ein entsprechendes Wort mit *c* = britt. *p* nachweisen lässt. Und diess ist in der That der Fall. Lhuyd (Arch. Brit. S. 20*) stellt mit cymr. *peth* das altir. *cuit* neuir. *gäll. cuid* „Theil, Antheil" zusammen, gewiss mit Recht. Im ältesten Denkmale des Gälischen, im *Book of Deir* (in Stokes' Goidelica[2] S. 106 ff.), decken sich *cuit* nnd das entlehnte *pett* genau als Bezeichnung von Landbezirken; dort werden *pett meic garnait* „Land(stück) des McGarnait", *pett inmulenn* „Land der Mühle", *pett malduib* „Land des Maldub" u. a. neben *cuit mormoir* „Land des Oberverwalters" und *cuit riig* „Land des Königs" erwähnt. Altir. *cuit* Gen. *cota* ist ein *i*-Stamm und geht auf *cotti-* zurück. Das Zahlwort „fünf", urkeltisch **quenque,* in den Oxf. Gl. *pimp,* bret. *pemp* corn. *pymp* cymr. *pump* lautet air. *cóic* neuir. *cúig* gäll. *cóig*; letztere Formen weisen auf früheres **conque,* resp. **conqui*; also ist hier ursp. *que-* zu *co-* geworden. Demnach kann auch **cotti-* aus **quetti-* entstanden sein, welchem britt. *pett-* genau entspricht. Unmöglich ist freilich nicht, dass im Irischen von Alters her ein Stamm **quotti-* dem urbritt. **quett-* gegenübergestanden; aber diese Annahme ist unnöthig. Somit ist der keltische Ursprung für **quett-* britt. gall. *pett-* „Theil, Stück" soviel wie erwiesen.

Es scheint mir unzweifelhaft, dass das Adj. frz. prov. cat. *petit* it. *petitto,* umgestellt *pitetto,* zu demselben Stamme gehört (Diez S. 251). Der Vergleichung mit lat. *petilus* „dünn, mager"

---

[1] S. Thomsen, Romania V, 67 f. und neuerdings Horning, Zur Gesch. des lat. *C* im Roman. S. 22.

[2] Gäl. *peos,* das Diez und Scheler anführen, finde ich nirgends. Doch vgl. ir. *bisi ega* „Eisstücke" (Goidelica[2] S. 80), von Stokes als Lehnwort aus lat. *petia* gefasst.

steht das doppelte *i* des romanischen Wortes im Wege. Auch das Suffix weist auf ausländischen Ursprung; denn Diez' Erklärung des *i* durch Dissimilation ist kaum stichhaltig. Rom. -*itto* erklärt sich, so viel ich sehe, nur aus -*ituus*, vgl. *battere* aus *batuere*, *quattor* aus *quatuor*; an -*itidus* ist doch nicht zu denken. Ableitungen auf -*uo*- sind im Gallischen nicht selten, vgl. *Ambitui Alebodutus Veromandui Aedui Meduana Nantuates Arduenna* etc. (Gramm. Celt.² S. 764). Sie scheinen zum Theil aus *u*-Stämmen weitergebildet. Gall. **pettituos* „klein" könnte also aus einem Stamme **pettitu*- geflossen sein, seiner Gestalt nach Nomen verbale zu einem von *pett*- abgeleiteten Verbum, das in romanischer Gestalt **pettire* lauten würde; dieses hätte etwa „in Stücke theilen, zerkleinern" bedeutet. Doch ist es, so viel mir bekannt, in romanischen Dialecten nicht nachgewiesen.

Wie viele von den übrigen bei Diez s. v. *pito* genannten Wörtern hierher gehören, ist kaum genau zu bestimmen, da sich allerdings der Stamm *pit*- „Spitze" hineinzumischen scheint. Formen wie henneg. *pete* „Kleinigkeit" afr. *peterin* „winzig" bieten der Erklärung wenig Schwierigkeit. Aber woher stammt das *i* in comask. *pit* „wenig", während doch span. *pieza* frz. *pièce* für das Stammwort offenes *e* erweisen? In mail. *pitin* kann das unbetonte *e*, wie so häufig, zum geschlossenen *e* und schliesslich zu *i* geworden sein[1]; aus ähnlichen Formen mag *pit* verkürzt sein.

Stokes (Glossar z. *Calendar of Oengus* s. v. *pit* und *terephit*) vergleicht mit rom. *pito* etc. das air. *pit* f., das er mit „a bit" übersetzt. Es bedeutet aber überall „Portion, Ration" und lässt sich nicht wohl vom gleichbedeutenden rom. *pitanza pietanza* (Diez S. 246) trennen. Das irische Wort würde sich leicht als eine frühe Entlehnung aus brittischem *pett(i)*- erklären. Sollte sich nicht auch das romanische Wort aus dem Stamme *pett*- herleiten lassen? Wir müssten ein verlorenes Verbum **pittare* (aus **pettare*) „theilen" ansetzen. Es kommt darauf an, welchen Werth man der spätlat. Schreibung *pictantia* beilegt; zu beachten ist, dass ir. *pit* sich aus *pict*- nicht erklärt.

picco S. 245.

Diez begnügt sich, cymr. *pig* zu vergleichen; Littré hält keltischen Ursprung für wahrscheinlich, Skeat für sicher.

---

[1] Vgl. spätlat. *Pititovillare*.

Es ist daher geboten, die keltischen Wörter näher zu unter-
suchen. Zunächst ist neuir. gül. *pioc* mit seinen Ableitungen
als sicher entlehnt auszuscheiden. Wie verhalten sich aber
cymr. *pig* f. „Stachel, Schnabel“, cymr. *pigo* corn. *piga* „stechen“?
Hieher gehören noch corn. *pigol* bret. *pigell* f. „Bickel“. cymr. *pi-
cell* f. „Wurfspeer“, *picio* „schleudern, schiessen“, *pigærn* „Thurm-
spitze“, ferner manche bretonische Wörter mit *pik-*, bei denen
aber Entlehnung aus dem Französischen sehr nahe liegt. Im
irischen Sprachzweig könnte air. *cich* neuir. gül. *cioch* f. „Brustwarze, weibliche Brust“ entsprechen; die ursprüngliche Bedeutung wäre etwa „Spitzchen“ gewesen. Allein näher liegt es,
dieses Wort mit cymr. corn. *cig* bret. *kik kig* m. „Fleisch“ zu iden-
tificieren (Stokes, Ir. Glosses S. 150), obschon das Geschlecht
differiert. Es sind also wahrscheinlich die brittischen Wörter
aus der romanischen, das Stechen begleitenden Lautgeberde *pic*
herzuleiten, die sich ihrerseits an *picus pica* anlehnen mag.

    piccolo S. 246.

Die Verbindung von span. *pequeño* port. *pequeno* mit dem
Stamme *pic-* (mit langem *i*) bleibt zweifelhaft. Man denkt un-
willkürlich an den keltischen Stamm *becc-* oder *bicc-* „klein“
(s. oben s. v. *bacino* No. 7), dessen Anlaut freilich abweicht;
vgl. jedoch oben s. v. *pacco*[1]. — Zur Herleitung von wall. *pic*
„Tropfen“ aus *picco* etc. vergleiche man cymr. *pigwlaw piglaw*
(aus *pig-gwlaw*) „stechender Regen“..

    pietanza S. 246; s. oben s. v. *pezza*.

    pincione S. 248.

Cymr. *pinc* Dem. *pincyn* „Finke“ hat ein gleichbedeutendes
ysbincyn (Stamm *spinc*) neben sich. Letzteres entspricht dem
engl. *spink*, das aus dem Skandinavischen zu stammen scheint
(s. Skeat s. v.). Mit *pinc* „Finke“ steht das Adj. *pinc* „smart,
brisk, gay, fine“ und das Subst. *pinc* Dem. *pincen* „Spross, Reis“
in keinem Zusammenhang; diese stammen vielmehr aus engl.
pink me. *pinken* „stechen, stacheln“. Aus den anderen Dialecten
weiss ich nichts Verwandtes anzuführen; ir. *scingim* „ich springe“
liegt weit ab; bret. *pint* „Finke“ ist das umgestaltete cymrische
Wort. Wäre *pinc* einheimisch, so wäre Urverwandtschaft mit

---

[1] Bugge (Rev. celt. IV, 345 Anm.) betrachtet umgekehrt den keltischen Stamm als altes Lehnwort aus vulgärlat. **piccus*, was Güterbock
wohl mit Recht ablehnt (Lat. Lehnw. im Ir. I, 62).

dem deutschen „Fink", die Kluge vermuthet, ausgeschlossen; denn ursp. *p* hat sich im Keltischen nicht erhalten. Das Wahrscheinlichste ist, dass das romanische (und das cymrische) Wort aus einer Vermischung des deutschen *fink* und *spink* oder direct aus letzterem geflossen ist.

pito und **pizza** S. 251.

Cymr. *pit* „etwas spitz zulaufendes" kennt Davies nicht, sondern nur das Dem. *pidyn* m. „mentula" = bret. *pidenn* f. Corn. *pidn* „clavus" bei Lhuyd (S. 48ᵇ) ist späte Schreibung des entlehnten engl. *pin*, wie *gwidn* für *gwyn* (s. Williams). Ferner findet sich von demselben Stamm in den neueren Wörterbüchern cymr. *pitan* „Zizze, Brustwarze". Dagegen scheint cymr. *pitw* „winzig" aus engl. *petty* entlehnt. Die Wörter stehn so vereinsamt, dass sie kaum einheimisch sind; sie werden vielmehr aus rom. *pit-* stammen. Sollte sich dieses nicht mit dem deutschen Stamme *spit-* vereinigen lassen, also mit *spito* (Diez S. 304) identisch sein? — Ueber *petit* etc. s. oben s. v. *pezza*.

pote S. 255 u. 728.

Cymr. corn. *pot* bret. *pod* *pot* *pout* m., mittelir. *pata* neuir. *pota* gäl. *poit* *poite* f. und ihre Ableitungen sind alle entlehnt. Diess beweist für das Irisch-Gälische das anlautende *p*, für das Brittische die Vertretung des alten *tt* durch *t*. Cymr. *pothan* „Beule", *pothell* „Blatter, Blase" sind Nebenformen von *both-* (s. oben s. v. *bottare*). Skeat zieht engl. *pout* „schmollen" aus gleichbedeutendem cymr. *pwdu*; das umgekehrte Verhältniss ist wahrscheinlicher.

raggio S. 262.

Diez leitet frz. *raie* afr. *roie* prov. *rega* „Furche" von *rigare* her. Näher liegt die keltische Bezeichnung der Furche. Das cymrische Wort ist *rhych* m. und f.; es ist ohne Zweifel eines Stammes mit lat. *porcu* und d. *Furche*. Uebersetzen wir das lat. Wort, ursp. *prcâ*, in gallische Lautform, so erhalten wir *ricâ*, indem *p* schwindet und der *r*-Vocal sich als *ri* darstellt; vgl. *Augusto-ritum* und d. *Furt* zend *peretu* lat. *portus*. Diesem *ricâ* entsprechen die galloromanischen Wörter ganz genau; nicht so cymr. *rhych*. Der Laut *ch* geht in dieser Sprache entweder auf *cc* oder auf *c* hinter *r* oder *l* zurück. Besser scheint die altbretonische Form *rec* zu passen, welche in den Luxemburger Glossen lat. *sulco* glossiert; ebendort findet sich die Verbalform *ro-ricseti* gl. *sulcavissent* (Rhys, Rev. celt. I, 352 u. 357). Allein in dieser Handschrift scheint c auch znr Bezeichnung der Spirans verwendet zu werden, vgl. *acupet* gl. *occupat* (ebend. S. 364) neucymr. *achub*. Wir können also auch hier *rech* lesen[1]. Woher stammt cymr. *ch*? Von doppeltem c kann hier kaum die Rede sein. Hat etwa brittisch c hinter r-Vocal dieselbe Wandlung durchgemacht wie hinter consonantischem r? Darauf scheint cymr. *drych* „Anblick, Spiegel" zu weisen, das einem Stamme *drc-* entsprungen sein wird. Auffallend ist freilich, dass in cymr. *rhyd* „Furt", mittelcymr. *ryt*, in den Oxf. Gl. *rit* (gall. *-ritum*) das *t* nicht dieselbe Behandlung erfahren hat. Wie dem auch sei, dem cymr. *drych* steht air. *drech* „Gesicht" gegenüber, Stamm *dreca *drica aus *drcâ. Ir. *ch* entspricht gewöhnlich nicht cymr. *ch*, sondern einfachem c hinter Vocalen; diess zeigt uns, dass die cymrische Behandlung des c in diesen Wörtern keine gemeinkeltische, sondern eine dialectale war. Somit würde dem cymr. *rhych* air. *rech* entsprechen. Das Wort ist uns nicht bezeugt; dagegen steckt es vielleicht in neuir. *eitre* „Furche", vgl. den mittelir. Dat. Plur. *etrigib* (Windisch, Ir. Texte S. 534) und den Nom. Plur. (oder Sing.?) *etrige* (Three Ir. Gloss. S. 18 s. v. *etarce*). Das Wort ist wohl in *etar-rech-* zu zerlegen und bedeutet „was zwischen zwei *rica* liegt", *rica* im Sinne von lat. *porca* gefasst.

Also dürfen wir zuversichtlich gall. *ricâ* „Furche" ansetzen und mittellat. *riga* prov. *rega* fr. *roie* daraus ableiten; so erklärt sich das bewahrte *g* im Provenzalischen. Vgl. *reiha* und *rigole*.

ratto S. 264.

In bret. *raz* vann. *rac'h* zeigt der regelrechte Wandel des alten *tt*, dass das Wort in diesem Dialecte früh heimisch geworden. In den Inseldialecten lässt sich für den Stamm *ratt-* kein hohes Alter nachweisen; mittelir. *rata* neuir. gäll. *radan* wird zu engl. *rat* gehören. Da die Ratte cymr. *llygoden Ffrengig* „französische Maus" heisst und auch das Neuirische die Ausdrücke *francach* und *galluch* „gallische Maus" kennt, das Thier also als ein ausländisches erscheint, wird wohl auch die andere Bezeichnung mit dem Thiere vom Continente herübergedrungen sein. Ob der Stamm *ratt-* festländisch keltisch war, weiss ich

---

[1] Gegen c = *ch* spricht vielleicht bret. *rega* „die Erde aufwühlen" (s. unten s. v. *rigole*), wenn es einheimisch ist.

nicht zu bestimmen; es ist von vornherein wahrscheinlich, dass *ratto* und *gatto* derselben Sprache entspringen.

redo S. 265.

Der keltische Ursprung der romanischen Wörter ist offenbar. Nur ist die Vergleichung von afr. *roi* mit bret. *reiz* „Ordnung" unmöglich; dieses ist gleich cymr. *rhaith cyf-raith* air. *recht* „Gesetz, Recht". Stamm *rectu-*, und entspricht lat. *rectum* d. *Recht*. Vielmehr ist das Etymon in dem von Diez nur nebenbei erwähnten Adj. air. *réid* zu suchen. Es bedeutet „eben, glatt" in eigentlicher und in übertragener Bedeutung. gäl. *réidh* „plain, level, smooth, straight, free, at peace, safe, ready, prepared, harmonions", daher air. *rédigiur* (Ml. 24ᵈ, 22) „ich erleichtere, fördere". Ihm entspricht cymr. *rhwydd* „prosper, expeditus, minime impeditus" nach Davies, „free, easy" nach Spurrell, mittelbret. *roez* „clair, limpide"; daher cymr. *rhwyddhau* „prosperare, expedire, facilitare". Die Formen gehen zunächst auf einen Stamm *réd(i)-* zurück, der aus *reidh-* entstanden und mit d. *be-reit* nahe verwandt, aber in der Vocalstufe verschieden ist. Dass ursp. *ei* in festländischen Dialecten zu *é* geworden, haben wir schon mehrfach bemerkt; vgl. speziell *rédu Eporédia Eporédiic*. Das romanische Verbum *ad- con-rédire* entspricht also genau cymr. *rhwyddhau*; die Grundbedeutung war „expedire", woraus sich das Weitere leicht erklärt.

Das keltische Wort giebt uns zugleich die Etymologie des Stammes an die Hand. Kluge bezweifelt den Zusammenhang von *bereit* mit *reiten* air. *riadaim* „ich fahre"; aber im Irischen tritt die ursprüngliche Bedeutung des Adj. *rédi-* „fahrbar, für Wagen passirbar, frei" noch deutlich hervor. Bei Windisch, Ir. Texte S. 136, heisst es bei Gelegenheit einer Vogeljagd zu Wagen: *Ni-bid clad na-hairbi na-caissle im-thir in-hÉre isind-unsir anall, acht maigi réidi* „zu jener Zeit gab es in Irland weder Graben noch Zaun noch Wälle um das (einzelne) Stück Land, sondern nur freie, d. h. befahrbare, Felder". Man vergleiche auch *fertig* von *Fahrt*.

Der Stamm *réd-* (*reidho-*) findet sich weiter in mittelir. *anriad* „Unebenheit, ungehöriges Benehmen"; ferner ist er zum blossen Suffix herabgesunken in air. *-rad* (n.) cymr. *-rwydd* (m.), das Abstracta bildet, und in air. *-red -rad* (f.), das zur Bildung von Collectiva dient (Gramm. Celt.² S. 856 u. 890; Windisch, Ir. Texte S. 730).

Bret. *korrez korre* m. „corroi", kommt dagegen aus dem Romanischen.

relha S. 267.

Vielleicht sind diese Wörter zu gall. **ricd* „Furche" zu stellen, durch Vermittlung eines Verbums **riculare* „Furchen ziehen" (s. oben s. v. *raggio* und unten s. v. *rigole*); vgl. mittellat. *rigulus* im Sinne von *riga* (DC.), das sich aber auch zu ahd. *rîga* stellen lässt (Diez, S. 393). Ueberhaupt mögen sich gall. **rica* ahd. *rîga* lat. *rêgula*, auch *rîgare*, gemischt haben.

rima S. 270.

Das Keltische hat die Bedeutung des romanischen *rima* für seinen Stamm *rim-* „Zahl" nicht angenommen, sondern benennt Assonanz und Reim mit einheimischen Namen.

roba S. 273.

Gäl. *robainn reubainn* f. ist engl. *rapine*.

rocca S. 273 u. 729.

Cymr. *rhwg* scheint nicht zu existieren, könnte auch lautlich nicht das Stammwort bilden. Gäl. *roc*, kann eingebürgert, ist das englische *rock*. Gäl. neuir. *roc* „Runzel" ist gleich engl. *ruck*, das aus dem Nordischen stammt (s. Skeat s. v.). Der einzige keltische Dialect, dem *rocca* seit lange angehört, ist das Bretonische; dort heisst der Fels *roc'h* f., Plur. *rec'hier reier*. Das Etymon von *rocca* ist also auf dem Festlande zu suchen.

rocchetto S. 274.

Gäl. *roc* s. oben s. v. *rocca*.

rostire S. 276.

Die keltischen Wörter sind alle aus dem Romanischen oder Englischen entlehnt.

saja S. 280.

Was die von Diefenbach, Orig. Europ. S. 414, angeführten keltischen Wörter betrifft, kann air. *sái*, das in den Würzburger Glossen *tunica* glossiert, nicht direct auf einen keltischen Stamm *say-* zurückgehn, da *g* im Altirischen nicht zu *i* wird. Es ist aus dem Romanischen (vgl. *seia* Cass. Gl.) oder aus einem brittischen Dialecte entlehnt. Ob das Wort im Brittischen einheimisch war, lässt sich aus den Lauten nicht entscheiden. Cymr. *sae* m. hat die Bedeutung von engl. *say* und ist gewiss ein junges Lehnwort. Aelter nach Bedeutung und Geschlecht ist bret. *sae* f. „robe de femme, d'enfant, de prêtre, de juge".

salávo S. 280.

Der Stamm *sal-* ist auch echt keltisch, s. Stokes, Zeitschr. f. vergl. Sprachf. 26, 452. Adjectivisch wird jedoch nur die Ableitung mit dem Suffix *-áco-* gebraucht, vgl. altbret. *haloc* cymr. *halawg halog* ir. *salach* „beschmutzt" = gall. **salácos*. Die Herleitung aus dem Deutschen liegt daher auch für frz. *sale* näher.

scartare S. 284 u. 731.

Dem von *carta* unabhängigen Verbum stehen kelt. Wörter zu nahe, als dass sie ausser Acht gelassen werden dürften. Vom Stamme *scar-* lautet das Verbum air. *scaraim*, Inf. *scarad*, cymr. *ysgar* „trennen, sich trennen"; ferner bret. *skarra* „se fendre, se fêler"; dazu vielleicht bret. *skar* m. „enjambée", vgl. frz. *écarter les jambes*. Von einem mit *t*-Suffix gebildeten Nominalstamme wie cymr. *ysgarth* „offscouring, excretion" (Stamm *scart-*) sind abgeleitet cymr. *ysgarthu* „to purge out, to excrete", *dysgarthu* „to cleanse", air. *diu-scartaim* „ich entferne"; ferner bret. *skarza* „vider, nettoyer, ramoner", und *skarz* „vide, net, nettoyé", die freilich noch andere Bedeutungen haben, indem sich der romanische Stamm *scarso* hineinmengt. Von diesem kelt. *scar- scart-* „trennen, sondern", das mit d. *Schaar* verwandt ist, kann man das rom. Verbum nicht wohl losreissen.

scemo S. 284.

Da die Bedeutung „halbieren" so wenig hervortritt, möchte ein keltisches Wort Beachtung verdienen. Altir. *séim* (Stamm *sémi-* aus *seimi-*) bedeutet „exilis, macer"; später ist die Bedeutung übertragen worden, daher gäl. *seimh* „mild, gentle, calm, placid"; davon ist abgeleitet altir. III. Sg. Praes. *sémigidir*, Inf. *sémigiud* „attenuare", *sémise* „attenuatio". Das im ältesten Irisch belegte Wort scheint nicht entlehnt zu sein, obschon ich es im Brittischen nicht nachzuweisen vermag; es kann mit lat. *sēmis* nicht urverwandt sein, da altes *ē* im Keltischen als *i* erscheint. Das rom. **sémare* und spätlat. *simare*, dessen Bedeutung sich leicht aus ursp. *attenuare* erklärt, steht diesem Stamme *seim-* überaus nahe. Dagegen gehört span. *xeme* „halber Fuss" zu lat. *sêmis*.

schiera S. 286.

Vielleicht hat sich beim Verbum *scarire* der kelt. Stamm *scar-* eingemengt; s. oben s. v. *scartare*.

schiuma S. 286.

Gäl. *sgùm* ist Fremdwort.

scotto S. 288.

Sgot ist nicht alt-, sondern neuirisch und entlehnt.

serpe S. 293.

Cymr. *sarff* f. stammt aus lat. *serpens.*

seta S. 293.

Neuir. gäl. *sioda* lautet in der älteren Sprache *sita,* kommt also nicht von *seda,* sondern von einer Form mit erhaltenem *t.* Auch cymr. *sidan* wird auf älteres **sitan* zurückgehn.

soga S. 297.

Zu den brittischen Wörtern stellt sich ir. *suag* m. „Seil, Tau". Ich finde es zwar nur bei O'Reilly verzeichnet; doch wird seine reale Existenz wahrscheinlich durch gäl. *suaicean* „Strohbündel", vgl. *suagán* „Strohseil" bei O'Reilly. Entweder mit letzterm identisch oder neu aus dem Brittischen geschöpft ist neuir. gäl. *súgán* „Strohseil". Ir. *suag* ist ein Lehnwort entweder aus dem Altbrittischen oder aus einem romanischen Dialect[1]. Aus altem **sôcâ* erklärt sich regelrecht bret. *sug* f., Dem. *sugell,* „corde d'attirail de la charrue, corde pour serrer le foin sur une charrette etc." Daher ist wohl cymr. *sŷg* f. „Kette, Zugriemen" falsche Schreibung für gleichlautendes **sug.* Es fragt sich nun, ob altbritt. **sôca* einheimisch ist, also auf älteres **soucâ* zurückgeht, oder ob es aus dem Vulgärlatein eingeführt wurde. Vielleicht ist air. *súanem,* Pl. *súanemuin,* „Seil, Strick" damit verwandt; daher gäl. *suaineadh* statt **suainmhneadh* „twisting; the rope or sting used for twisting round any thing". Es kann aus *sôc-n..* entstanden sein.

sorn S. 299 u. 732.

Statt corn. *sorren* l. *sorry* — cymr. *sori.*

stoffa S. 307.

Gäl. *stubh* kann ich nicht finden; wenn es vorkommt, ist es sicher entlehnt.

stordire S. 308 u. 733.

Cymr. *twrdd* scheint aus älterem *dwrdd* „sonitus, strepitus" umgestaltet; s. oben s. v. 2. *bordone.*

stormo S. 309.

Die keltischen Wörter sind durch das *st* ohne Weiteres als entlehnt gekennzeichnet.

---

[1] Aus einheimischen **sôca* wäre **suach* geworden.

tacco S. 313.

Tach m. „Nagel" ist nicht cornisch, sondern bretonisch
dazu *tacha tachein* „nageln", annageln"; die Wörter haben französisches *ch*, sind also entlehnt. Dem Verbum entspricht afr.
tachier im Sinne von *atachier* (*Aiol*, ed. Foerster, V. 4638). Mit
dem Subst. *tach* vgl. genf. *tache* „Schuhnagel" bei Littré, das
sich früher auch in westlichen Dialecten gefunden haben mag.
Somit stehen gäl. *taic* f. „a prop", *tacaid* f. „a tack or peg" etc.
isoliert; auch scheinen sie der älteren Sprache zu fehlen. Der
keltische Ursprung dieses Wortes ist also abzuweisen[1].

tamigio S. 314.

Das Suffix *-isium* spricht nicht gegen keltischen Ursprung
(s. Einl. S. 17). Doch kann ich in den Inseldialecten keinen
Stamm finden, der dem Wort zu Grunde läge. Denn der brittische Stamm *tammen*-: corn. *tam*, Pl. *tymmyn*, cymr. *tam* bret.
tamm „Stück, Bissen" liegt begrifflich und auch lautlich weit
ab. Bret. *tamoez tamouez* = fr. *tamis* weist auf eine französische
Nebenform *tamois*. Wie damit das Dem. *tamoezenn* f. „Kornähre" zusammenhängt, ist mir nicht klar.

taraire S. 315.

Alle keltischen Dialecte besitzen den Stamm *taratr*-, vgl.
air. *tarathar*, neuir. *taráthar tarachair*, manx *tharrar*, gäl. etwas
entstellt *tora*; Oxf. Gl. *tarater* cymr. *taradr taradyr* corn. *tardar*
tarad[2], bret. *tarazr*, jetzt *tarar talar*, auch *tarer taler*. Es liegt
kein Grund vor, den Stamm nicht für echt keltisch zu haben.

tetta S. 320.

Vgl. auch cymr. *teth* f. = it. *tetta*, Dem. cymr. corn. *tethan*,
bret. *tez* m. „Euter", wo der regelmässige Wandel des doppelten
t auf hohes Alter weist (s. Diez, Vorrede XV).

tocca S. 320.

Es kommen im Cymrischen drei verschiedene Wörter in
Betracht: 1. das veraltete *toc* bret. *tok* m. „Hut"; 2. *tocio twcio*
„to curtail, to clip, to trim, to dock", *tocyn* „short piece; ticket;
pack"; 3. *twca* „a kind of knive, a tuck". Sämmtliche Wörter
haben ein fremdländisches Aussehn wegen des erhaltenen *c*.
Twca, nach O'Reilly auch ir. *tuca*, ist das engl. *tuck* „Stoss-

---

[1] Die von Littré am Schlusse des Artikels *tache* angeführten keltischen Wörter sind völlig unverwandt.

[2] In *tarad y cned* = cymr. *taradr y coed* „woodpecker".

degen", das aus fr. *estoc* entstellt scheint (s. Skeat). — *Tocio*
und *tocyn* sind nicht zu trennen von engl. *to dock* und von
gäl. *dog* m. ..a junk, a short thick piece of any thing, thickset
person". Diese Wörter können nicht urverwandt sein, sondern
müssen von einer Sprache in die anderen übergegangen sein.
Vielleicht sind sie in keiner einheimisch, sondern von auswärts
eingeführt; Skeat (s. v. *dock*) führt einige nordische Wörter an.
Es wäre zu gewagt, auf Grund von mittelir. *tócht* „Theil, Stück",
tothocht „Zubehör" einen keltischen Stamm *toc-* „abschneiden"
anzusetzen. — Was endlich die Kopfbedeckung *toc* betrifft, so
wäre erst nachzuweisen, dass sie aus Wales oder aus der Bretagne eingeführt wurde. Die Mütze der schottischen Hochländer
wurde zwar frz. *toque* genannt; aber gerade dem Gälischen fehlt
diese Bezeichnung. Es ist also wenigstens ebenso wahrscheinlich,
dass das cymr.-bret. Wort aus dem Französischen übernommen
ist. Jedenfalls ist festzuhalten, dass der Berührungspunkt von it.
tocca tocco und der cymr. Wörter nicht im Altkeltischen liegen
kann, da altes *cc* im Cymrischen als *ch* erscheinen müsste. —
Span. *tocon* „Stummel" könnte dem d. *Stock* span. *stocco* in der
Bedeutung „Stamm, Baumstumpf" entsprungen sein.

   toppo S. 321.
Die keltischen Wörter sind natürlich entlehnt.

   tropa S. 330 u. 734.
Cymr. *torf* ist die regelmässige Entwicklung von lat. *turba*.

   truan S. 332 u. 734.
Der keltische Ursprung ist wohl sicher. Es fragt sich nur,
ob das Wort nachträglich aus einer neukeltischen Sprache übernommen wurde, d. h. ob etwa die Bretonen, die als Gaukler
und Bettler das Land durchstrichen und ihre *lais bretons* hören
liessen, sich *truan* „Elende, Bemitleidenswerthe" nannten, oder
ob diese Bezeichnung der Vagabunden aus altgallischer Zeit
sich bewahrt hat. Das letztere ist wahrscheinlich, wenn Scheler
mit Recht das auch in's Bretonische eingedrungene französische
Verbum *trucher* (aus **trûgicare*) unserm Stamme zuweist. Der
Stamm von air. *trôg trúag* und britt. *tru* ist **trôgo-* aus älterem
*trougo-, das in festländischen Dialecten zu **trûgo-* geworden
sein mochte (s. Einl. S. 10).

   urtare S. 336.
Die Vereinigung dieses Verbums mit cymr. *hærdd* masc.
1. „Widder" (Pl. *hyrdd*, jetzt *hyrddod*), 2. „Stoss" (Pl. *hyrddau*),

       6

hyrddu hyrddio „stossen", *cyffwrdd cyhwrdd cwrdd* „zusammen-
treffen, berühren" ist nicht ohne Schwierigkeit. Anlautendes
cymr. *h* geht in der Regel auf *s* zurück; ein Stamm *surd-
kann aber den romanischen Ausdrücken nicht zu Grunde liegen.
Cymr. *hwrdd* „Widder" entspricht corn. *hordh* bret. *ourz* (bei
Lhuyd; veraltet). Nehmen wir an, dass *h* im Cymrisch-Corni-
schen und im Französischen secundär vorgetreten sei, so erscheint (*h*)*wrdd* etc. als masculine Nebenform von bret. *orz*
horz f. „Schlägel, grosser hölzerner Hammer, Stössel" = cymr.
gordd (mit secundär vorgetretenem *g*) „Stümpfel, Hammer". Im
Irischen dagegen hat die masculine Form *ort* neuir. gäl. *órd*
die Bedeutung „Hammer". Alle diese Wörter gehn auf die
Stämme *urdo- *urdâ- zurück. Wie im Irischen, so kann auch
in festländischen Mundarten die Media hinter *r* zur Tenuis verschoben worden sein (s. Einl. S. 9); wir dürfen also den dialectischen Stamm *urto- „Widder" oder „Stümpfel" ansetzen,
wovon rom. *urtarc* „stossen" sich ableiten lässt. Das *u* (*û*) des
romanischen Verbums bleibt freilich räthselhaft, und vor einer
einfacheren Etymologie, etwa aus deutschem Stamme, wird die
unsrige zurücktreten müssen.

vanno S. 337.

Mit *vanneau* „Kibitz" vergleicht d'Arbois de Jubainv. (Études
gramm. S. 47) den keltischen Namen der Schwalbe cymr. *gwen-
nawl gwennol* corn. *guennol* bret. *gwennel-i gwennili*, in Vannes
gwignel, Stamm *vennâl-*; air. *fannall* (Stamm *vannell-?*), daher
neuir. *áinleog* gäl. *ainleag* für *fainleog*.

vassallo S. 338.

Dem cymr. corn. *gwas* „Bursche" entspricht mittelir. *foss* in
derselben Bedeutung. Bret. *gwaz goaz* bezeichnet den Mann
im Gegensatz zum Weibe. Cymr. *gwasawl*, das ich übrigens
nicht zu belegen weiss, erklärt das rom. Suffix nicht, da -*awl*
auf -*âl-* zurückgeht; doch kann -*allo* keltisch sein (s. Gramm.
Celt.[2] S. 766 f.).

virar S. 342 u. 736.

Wenn *vīria* keltischen Ursprungs ist, stellt sich dazu ir.
ferenn m. „Gürtel um die Wade, um den Leib" (s. Corm. Übers.
S. 72; Windisch, Ir. Texte S. 543). Zu derselben Wurzel gehört
wohl cymr. *gŵyr* ir. gäl. *fiar* „umgebogen, schief, quer", bret.
goar gwar „courbé, tortu", dazu das Verbum cymr. *gwyro* „to
swerve, to deviate, to slope, to decline, to stoop, to bend", bret.

goara „courber". Der Stamm ist *vêro-* aus *veiro-*. Sollte sich nicht daraus das romanische Verbum *virare* leichter gewinnen lassen als aus *vibráre?* Die Bedeutungsreihe wäre „biegen, quer stellen", dann „umdrehen, wenden". Zu den Schiffsausdrücken stellt sich gäl. *fiar-* „to sheer, to go obliquely as a ship, to beat against the wind". Vgl. Diefenbach, Orig. Eur. S. 439 f.

zote S. 347.

Ir. *suthan* finde ich nur bei O'Reilly; weder das Neuirische noch das Gälische scheinen es zu kennen. Für *sotaire* lies *suthaire* „a spruce fellow", das in der Bedeutung weit abliegt; auch die Laute stimmen nicht zum romanischen Stamme. Bret. *sot* ist das französische Wort; so wohl auch gäl. *sod* „Tölpel", *sodach* „plump, ungeschickt". — Vergleichbar wäre etwa mittelir. *sotal* „anmassend, stolz, prahlerisch", dazu *sotla* neuir. *sutal* „Anmassung", air. Pl. *sotli* gl. *animositates* Wb. 18ᵃ. Doch ist ihre Bildung zu vieldeutig, als dass sich damit der keltische Ursprung des romanischen Wortes beweisen liesse. Vgl. Skeat s. v. *sot.*

Diez II, a. Italienisches Gebiet (S. 351—412).

basire S. 356.

Air. *bás,* wovon gäl. *basaich-* abgeleitet ist, hat ursprünglich doppeltes *s.* Doch könnte das dazugehörige primäre Verbum air. *ba-* „sterben" auf ursp. *bas-* zurückgehen: III. Sg. Praes. secund. *nom-baad,* Perf. *rom-bebe.*

brívido S. 360; s. oben s. v. *brio.*

bugno S. 360.

Cymr. (nicht ir.) *bon* ir. gäl. *bun* bezeichnet den Wurzelstock eines Baumes, daher ir. *bunad* cymr. *bonedd* „Stamm, Geschlecht".

crojo S. 366.

Hat hier vielleicht ein keltisches Adjectivum sich eingemengt? Air. *crúaid* neuir. gäl. *cruaidh* heisst „hart, fest, unbiegsam", übertragen gäl. *duine cruaidh* „a niggardly, parsimonious or narrowminded person", Stamm *crôdi-* aus *croudi-.* Daraus könnte das romanische Adj. **crôdius* gebildet sein.

frusco S. 373 u. 739.

Das Schwanken des Anlauts in *frusco* und friaul. *brusc* „Reisicht" prov. cat. *brusca* „Gerte" erklärt sich gut, wenn Schuchardts Vergleichung mit cymr. *gwrysg* „Zweige, Aeste"

6*

das Richtige trifft (Zeitschrift f. rom. Phil. IV, 148). Die Verschmelzung von *ruscum* und *frons*, die Caix annimmt, wäre doch befremdlich. Keltisch *vr-* kann sich im Romanischen als *fr-* und *br-* darstellen; weniger gut stimmt der Vocalismus. Cymr. *y* liesse sich als Umlaut von *w* (*ŭ*) deuten, aber die romanischen Wörter weisen auf *ŭ*, das im Cymrischen als *i* erscheinen müsste. Auch ist das Verhältniss von cymr. *grwysg* (Stamm *vrisc-*?) zu ir. *flesc* „Gerte" (Stamm *vliscá*) nicht klar (s. oben s. v. *freccia*). Hat sich etwa im Romanischen ein keltischer Stamm *vrīsc-* mit dem lat. *rūscum* „Brüsch" gemischt? Auch *brůsco* und *růsca* „Rinde" haben sich vermengt, wie prov. *brusc* it. *bruscare* zeigen (Diez I, S. 71; vgl. auch it. *frasca* S. 372).

     lavagna S. 380.

Die keltischen Wörter (mit *cc*) lassen sich mit den deutschen nicht identifizieren.

     pialla S. 389.

Dass sich *pialla* in der Bedeutung „Axt" an d. *Beil* anlehnt, ist wahrscheinlich. Ist dieses Wort deutsch oder keltisch? Ich vermag es nicht sicher zu entscheiden; jedenfalls ist das Wort in den Inseldialecten seit lange einheimisch. Es verlohnt sich wohl, mit ein paar Worten auf die keltische Benennung dieses Werkzeugs einzugehn. Air. *biail* Gen. *béla* ist ein fem. *i*-Stamm; es flectiert genau wie *liaig* Gen. *léga* m. „Arzt". *Liaig* wird von Schuchardt (Zeitschr. f. rom. Phil. IV, 132) als Beispiel für *i*-Infection des Diphthongen *ia* angeführt; mit Unrecht. Nach irischen Lautgesetzen blieb altes *ê* (aus *ei*) erhalten, wenn die folgende Silbe ein *i* oder *e* enthielt; sonst wurde es zu *ia* diphthongiert. Dieser Regel würde *liaig* Gen. *léga* geradezu in's Gesicht schlagen. Wir haben es hier nicht mit dem Diphthongen *ia* zu thun, sondern mit altem *i-a*. Das *é* des Genitivs *léga* hat nichts mit der Klangfarbe des folgenden Vocals zu schaffen; sondern es ist Contraction von *ïa*, welche dann eintritt, wenn das Wort um eine Silbe wächst, das *a* also in die Mittelsilbe zu stehen kommt; so wird *ïarn* „Eisen" im Compositum zu *ern-*, z. B. in *ern-bas* „Eisentod, Tod durch Waffen". Also müsste got. *lêkeis leikeis* „Arzt", wenn es mit dem keltischen Worte zusammenhienge, aus *liak-* (*lïak-*?) contrahiert sein. Für *biail* wird die Zweisilbigkeit von *ia* ausserdem durch die brittischen Formen bezeugt. Das Beil heisst in den Oxf. Glossen *bahell bael* corn. *boell* meymr. *bwyall* ncymr.

brjell bret. *bouhal bouc'hal* f.; zum Wandel des Vocals s. oben
s. v. *arnese*. Der altirische Stamm lautete demnach *biali-*, vielleicht *bihali-*; er stimmt also sehr schön zu ahd. *bial bihal*.
Wie lässt sich aber die Congruenz dieser speziell althochdeut-
schen Form mit der altinselkeltischen erklären, da doch die
beiden Völkerstämme sich nirgends berührten? Haben etwa
die irischen Missionäre diese Bezeichnung nach Deutschland
gebracht? Oder ist dieselbe umgekehrt vom Festlande aus in
ihr Heimatland gedrungen?

uggia S. 408.

Cymr. *hudd*, gewöhnlich zusammengesetzt *cyhudd* „shade",
dazu *cuddio* corn. *cudhe* bret. *kuzal kuzet* „verbergen, verhüllen"
sind wohl früh aus ags. *hydan* engl. *hide* entlehnt. Jedenfalls
kann das italienische Wort nicht aus dem keltischen abgeleitet werden[1].

Diez II, b. Spanisches Gebiet (S. 413—501).

ama S. 421.

Gäl. *am* „Mutter" ist mir unbekannt. Es wird wohl aus *mam*
„Mama" abstrahiert sein, das man in *m-am* „meine M." zerlegte.

anco S. 422.

Zu bret. *añk* „Winkel, Ecke" (veraltet) stellt sich air. *écad*
„Haken".

berro S. 432.

In allen keltischen Dialecten zu finden, auch mittelir. *biror*
neuir. *biolar* gäll. *biolair* corn. *beler* (Lhuyd S. 97ª).

brincar S. 433 u. 745.

Schuchardt (Zeitschr. f. rom. Phil. VI, 423) führt das span.
Verbum *brincar blincar* auf air. *lingim* „ich springe" zurück, als
dessen Stamm er *bling-* ansetzt wegen des Perf. *leblaing*. Auf-

---

[1] Obige Deutung von bret. *kuz-* aus *kehuz-* wäre aufzugeben, wenn
Stokes (Zeitschr. f. vergl. Sprachf. 26, 435) mit Recht die altbret. Glosse
aimscudeticad (*revelaverint*) in *aimscudelic-ad* . . . verbessert; so weit
hinauf möchte ich die Contraction nicht rücken. Doch ist Stokes' Con-
jectur sehr unsicher (vgl. Loth, Vocab. vieux-bret. S. 34). Es bleibt also
zweifelhaft, ob cymr. *cuddio* etc. als Stütze einer Wurzel *kudh-* angeführt
werden darf (Zimmer, Zeitschr. f. vergl. Sprachf. 25, 166). Jedenfalls liegt
das ebend. beigezogene manx *coodee* „cover" ganz fern; es gehört vielmehr zu ir. *comét* „Deckung, Schutz", *cométiud* „Kleidung", gäl. *comhdaich-*
„to dress, cover, clothe, shelter".

fallend ist dann der Schwund des *b* im Anlaut, da das Irische sonst *bl*- durchaus nicht scheut; auch wäre zu *bling*- das regelmässige Perf. **bebluing*. Windisch (Ir. Gramm. § 45) vergleicht skr. *valg*-; aber aus ursp. **vling*- erklärt sich weder die Form *lingim* noch *leblaing*. Bis das Verhältniss der irischen Formen aufgeklärt ist (ursp. *svleng*-?), möchte ich diese Etymologie nicht als sicher bezeichnen.

brozno S. 434; s. oben s. v. *broza*.

bruxa S. 434.

Vgl. oben s. v. *broza*. Ir. *briosag briosog*, dessen Herkunft unsicher ist, hängt kaum mit *bruesche* zusammen, da neuir. *io* auf älteres *i* zurückgeht.

buega S. 434.

Cymr. *bog* scheint nicht zu existieren.

buz S. 434.

Die keltischen Wörter sind ir. *bus* .i. *bhel* (Lippe)[1], neuir. *pus* „Schnauze, Lippe", gäl. *bus* „Schnauze, Mund mit dicken Lippen", daher *busach* „dicklippig", *busag* „schmatzender Kuss". Die Herkunft des Wortes ist unsicher. — Auch in cymrischen Wörterbüchern findet sich *bus* f. „menschliche Lippe"; doch scheint es eine Grammatikerabstraction aus *gwefus* f. „menschliche Lippe" zu sein, das man in *gwe-bus* auflöste. Dieses Wort lautet auch *gweus* corn. *gueus* bret. *gweuz gwes gwez*. Da aber daneben cymr. *gwefl* corn. *grelv* bret. *greol* „Maul, Lippe" steht, ist *gwefus* wohl eher in *gwef-us* zu zerlegen.

colmena S. 441.

„Diessmal", ruft Mahn (Etymol. Unters. S. 55) aus, „sind wir aber auch im Stande, den schlagendsten und glänzendsten Gegenbeweis zu liefern, dass das Wort nicht arabisch, sondern ächt keltisch ist!" Ein warnendes Beispiel, wie gefährlich es ist, auf einen einzelnen neukeltischen Dialect Etymologieen aufzubauen. Dem bret. *kôlô* „Stroh" entspricht corn. *cala*; es ist dasselbe Wort wie cymr. *calaf* „calamus" und stammt aus dem Lateinischen (Gramm. Celt.[2] S. 821). Das abgeleitete bret. *colouenn kolôenn* f. bedeutet „einzelner Strohhalm; irgend ein Gegenstand aus Stroh", daher *koloenn-wenan* „Bienenkorb". Wahrscheinlich ist span. *colmena* aus derselben Quelle geflossen; vgl. afr. *maison chaumine* „strohgedecktes Haus".

---

cotovía S. 442 u. 746.

Der Ausdruck *codioc'h* „Haubenlerche" gehört nur dem Dialect von Vannes an. Ich weiss ihn nicht zu deuten, finde es aber bedenklich, darauf hin die romanischen Wörter für keltisch zu erklären.

maña S. 466 u. 748.

Dem Stamme von ir. gäl. *mám* m. „Handvoll" steht cymr. *mawaid* (für *manf-aid) f. „beide Hände voll" nahe; doch weist das erstere Wort auf doppeltes, das letztere auf einfaches *m* im Inlaut. Für die romanischen Wörter liegt Rönsch's Erklärung aus *manua* näher; span. *maña* kann auf ein umgestaltetes *manea zurückgehn.

penca S. 476.

Der keltische Ursprung des Stammes *pinc-* ist sehr zweifelhaft. s. oben s. v. *pincione*.

1. **pino** S. 477.

Die keltischen Wörter sind nicht einheimisch.

priego S. 478.

Cymr. *pric* aus engl. *prick*.

retoño S. 483.

Cymr. *tun* hat keine reale Existenz.

rombo S. 484.

Cymr. *rhwmmen* übersetzt Davies mit „rumen, ruma, abdomen"; Lhuyd (S. 142 s. v. *ruma* und 171 s. v. *venter*) bezeichnet *rhymmen* als veraltet. Ist es ein gelehrtes Lehnwort aus lat. *rumen*? Wäre es alt, müsste *m* in *f* übergegangen sein.

sarna S. 486.

Cymr. *sarn* f. „stratum, pavimentum" gehört zum Verbum *sarnu*, das wohl aus lat. *sternere* entlehnt ist (Schuchardt, Zeitschrift f. rom. Phil. IV, 154). Man könnte an der Entlehnung zweifeln wegen air. *sernim*, welches stark flectiert, vgl. *srethi* gl. *substernendum* Sg. 68ᵃ, 5; aber hier hat es sich mit einem einheimischen Verbum anderer Bedeutung in der Flexion vereinigt (s. Windisch, Ir. Texte S. 770 s. v. 2. *sernim*).

tona S. 492.

Das Wort ist gemeinkeltisch. Cymr. *ton* ist fem., ebenso mittelir. *tond tonn* „Haut, Oberfläche"; bret. *tonnenn* (cymr. *tonen*) f. „Speckschwarte, Thier- und Menschenhaut, harte Oberfläche des Bodens". Die Grundform scheint *tŭnnd oder *tŭndâ.

Diez II, c. Französisches Gebiet (S. 502—701).

abait S. 502 u. 752; s. oben s. v. *ambasciata.*

aboyer S. 503; s. oben s. v. *badare.*

aib S. 504.

Eine sichere Erklärung von prov. *aib aip ab* m. „Sitte, Benehmen" ist noch nicht gefunden. Goth. *aibr δῶρον*, bask. *aipua* „Ruf", arab. *aub* „celeritas, consuetudo, mos" befriedigen theils lautlich, theils begrifflich nicht. Settegasts Ableitung aus *habere* (Roman. Forschungen 1, 237) bietet lautliche Schwierigkeiten; *aib* aus **abjo* würde eine ganz abnorme Entwicklung der Lautgruppe *bj* darstellen. Besser scheint mir ein keltisches Wort zu passen: gäl. *aoibh* „a courteous, civil look" (Dict. Scoto-Celt.), „a cheerful countenance" (McAlpine). Aus dem Altirischen ist mir nur eine Belegstelle bekannt; im Würzb. Codex (Zimmer, Gloss. IIib. S. 44) lautet die Glosse zu *per dulces sermones et benedictiones seducunt corda innocentium* (Röm. XVI, 8): *.i. per blandimenta et adolationes composita* (l. -o) *sermone .i. alind á-óiph in-forcitil, nemnech immurgu a-inne* „schön [ist] ihr Acusseres (*óiph*), [nämlich] der Lehre, giftig dagegen ihr Sinn". Ob der Diphthong ursprünglich *oi* oder *ai* lautete, lässt sich weder aus der modernen Sprache noch aus unserer Belegstelle ersehen, da schon die ältesten Quellen beide regellos vermischen; so finden sich z. B. *áis áes* und *óis* (Alter), *sáibapstil* und *sóibapstil* (falsche Apostel) in derselben Handschrift (Gramm. Celt.² S. 30 f.). Im früh-mittelir. *Saltair na Rann* wird immer *áeb* geschrieben. Mit unserm Wort ist wohl identisch: *aib no aoibh .i. cosmhuileas* (Aehnlichkeit) in O'Clery's Glossar (Rev. celt. IV, 359); und 1. *aeb* und 2. *aeb* in Stokes' Index zum *Saltair* sind zu vereinigen. Das *ph* in air. *óiph* bezeichnet die im Auslaut tonlos gewordene, aus *b* entstandene Spirans (neuir. *bh*), vgl. *camaiph* neben *cammaib* (dennoch), *tech* neben *teg* (Haus). Das Wort ist ein fem. *a*-Stamm **aibá*; prov. *aib* würde auf eine masc. Nebenform **aibo-* zurückgehn. Aus den britt. Sprachen weiss ich nichts Verwandtes beizubringen. Die Grundbedeutung mag „das Aeussere, (freundliche) Miene" sein; die Begriffe „Miene" und „Benehmen" liegen nicht weit auseinander, vgl. fr. *contenance* und engl. *countenance.*

Das mittelir. Adj. *aibind óebind*, gäl. *aoibhinn* „hübsch" (Windisch, Ir. Texte S. 720) ist kaum als blosse Ableitung von *aib*-

zu betrachten; denn die ältere Sprache schreibt es meist mit
m statt b[1]. Es wird ein Compositum sein, *aib-menn* „klar von
Ansehn", das in die *i*-Flexion übergetreten ist.

Fraglich ist, ob wir im Provenzalischen Erhaltung eines
intervocalischen *b* annehmen dürfen; *trap* „Zelt" neben *trau*
„Balken" ist ein unsicheres Beispiel. Doch hat sich nach dem
Diphthong *ai (aj)* die Media auch gehalten in prov. *lait laida*.
Somit stimmen wir Diez bei, der den Vocal der Nebenform *ab*
als „abgeplatteten Diphthong" bezeichnet.

angar S. 508.

Gäl. *angar* m. „Viehstall" findet sich nur in Shaw's Dict.,
einer ganz unzuverlässigen Quelle.

ardoise S. 509.

Von den von Littré angeführten cymr. Wörtern ist *arddu*
„sehr schwarz" ein Compositum von *ar + du* (ir. *dub* „schwarz"),
das andere, *ardrn*, scheint gar nicht zu existieren.

armoire S. 510.

Cymr. *armari* ist mir unbekannt.

bac S. 515.

Da unter den keltischen Dialecten nur das Bretonische das
Wort *bak bag* f. kennt, ist es gewiss entlehnt.

balai S. 516.

Bret. *balaen* „Besen" kann nichts zu thun haben mit *balan*,
Sg. *balanenn*, „Ginster". Dieses, älter *balazn-enn*, ist umgestellt
aus *banazl*, in Vannes *benal bonal* = cymr. *banadl* corn. *banathel*
banal (s. Stokes, Corn. Glossary S. 144). Die Entlehnung von
bret. *balaen* aus afr. *balain* ist viel wahrscheinlicher, als das
Umgekehrte, da ein passender keltischer Stamm fehlt. Die
cymrischen Ausdrücke, die Diez anführt, sind ganz unsicher.

balc S. 516.

Ich weiss nicht, ob gäl. *balc* f. „Härte des Bodens in Folge
der Witterung" mit dem Adjectivum ir. *balc* „stark" cymr. *balch*
bret. *balc'h* „stolz, frech" zusammenhängt. Die Grundbedeutung
könnte „fest" sein; dann liesse sich das keltische und das provenzalische Adjectivum vereinigen.

---

[1] *áimin* Ml. (Goidelica[2] S. 20); a i m i n n *ab eo quod est* a m o e n u m
Cormac Übers. S. 10; *oem*[enn] neben *obenn* Chron. Mariani Scoti (Zimmer,
Gloss. Hib. S. 274).

ban S. 517.

Die keltischen Wörter air. *benn* ncuir. *beann* f. cymr. corn. *ban* m. „Horn, Spitze" weisen auf einen Stamm *benn-* oder *bend-*, was bei der Entscheidung zwischen den beiden vorgeschlagenen Etymologieen zu beachten ist.

baud S. 517.

Gäl. *baoth* ist air. *báith* „einfältig, stumpfsinnig" mit dem Diphthong *ai* (s. oben s. v. *badare*), hat also mit dem französischen Worte keine Gemeinschaft.

bele S. 519 u. 754.

Afr. *bele* „Wieselfell" scheint nicht zu belegen, da sich die Beispiele ans Wace nicht halten lassen (s. Delboullc, Romania XII, 335 f.). Cymr. *bele* „Marder, Zobel" steht ganz vereinsamt; Zusammenhang mit frz. *belette* „Wiesel" ist also immerhin wahrscheinlich. Zur Herleitung von *belette* aus *bellus* vgl. auch bret. *kacrell* f. „Wiesel" von *kaer* „schön", vielleicht mit Anlehnung an das Französische.

bercer S. 520.

In bret. *berz*, vann. *berc'h* m. „Verbot", dessen Herkunft unklar ist[1], weist die letztere Form auf auslautendes *t* oder *d*; die Identificierung mit engl.-lat. *bersa* wäre also nur möglich, wenn wir *s* als Ausdruck eines brittischen *th* fassen; vgl. cymr. *perth* f. „bush, brake, hedge"?

Ein alter Stamm *bers-* müsste im Inselkeltischen *berr*lauten. Die begrifflich vergleichbaren Wörter air. *bir*, Pl. *beura* „sudes", gäl. *bior* „a pointed small stick", cymr. corn. bret. *ber* „Bratspiess, Speer" gehen auf den Stamm *beru-* mit einfachem *r* zurück und werden gewöhnlich als Lehnwörter aus lat. *veru* betrachtet[2]. Lautlich liessen sich cymr. *byrr byr*, f. *berr ber*, corn. *ber* bret. *berr* „(gestutzt), kurz" vergleichen, wozu ir. *berraim* „ich scheere" gehört; aber die Bedeutung liegt weit ab.

bidet S. 523.

Gäl. *bideach* und *bidein* gehören zu *bld* „kleines Stückchen", wahrscheinlich aus engl. *bit*. — Cymr. *bidog* fem. „Hirschfänger, Bayonnett" zu engl. *bite*? Oder von einem brittischen Stamme *bit-* „schneiden"? Vgl. altbret. *bitat* gl. *resicaret* (Loth, Vocab.

---

[1] Aus mittellat. *berga* liesse sich nur *berc'h*, nicht *berz* erklären.
[2] Ist der Stamm einheimisch, so könnte afr. *berser* auf *berusare* zurückgehn.

vieux-bret. S. 54). Die Etymologie von *bidan* „a sorry fellow" ist schwer zu bestimmen. Jedenfalls stammen die französischen Wörter nicht aus dem Altkeltischen.

bijou S. 524.

Da das französische Wort erst so spät (16. Jahrh.) vorkommt, ist die Annahme kaum abzuweisen, dass es aus mittelbret. *besou*, jetzt *bizou bezou bizeu* „Ring mit gefasstem Stein" entlehnt und umgestaltet worden[1]. Den keltischen Ursprung des Wortes verbürgt corn. *bisou* „Fingerring" im 13. Jahrh. und die klare Bildung aus corn. *bis bys bes* bret. *biz bez* cymr. *bys* „Finger".

borne S. 528.

Mlat. *bodina* stimmt lautlich merkwürdig genau überein mit einem keltischen Worte; es lautet air. *buden* f. „Heerschaar", Stamm *bódinâ* oder *bódinâ*. Dazu gehört altbret. Pl. *bodinlou* (gl. *phalanges*), cymr. *byddin* f. „Truppe, Armee". Die Begriffe liegen allerdings weit auseinander; aber die völlige Identität der Bildung ist auffallend. Darf man an unser „Heersäule" denken?

bouc S. 529.

Die Formen altir. *boc bocc* gäl. *boc* neuir. *poc* cymr. *bwch* corn. *boch* bret. *bouc'h* zeigen, dass der Stamm *bŭcco-* den inselkeltischen Stämmen seit lange bekannt ist. Doch ist er, wie Kluge zeigt, auch gemeingermanisch. Wenn seine Vergleichung mit zd. *bûza* „Bock" richtig ist, gehört dem deutschen Worte die Priorität; ist aber skr. *bukka-* „Bock" zu vergleichen, so werden die Germanen das Wort von den Kelten übernommen haben.

bourbe S. 531.

Wenn Littré mit Recht das keltische Verbum air. *berbaim* cymr. *berwi* bret. *birwi* „sieden, sprudeln" vergleicht[2], so dass die Grundbedeutung „durch Aufbrausen getrübtes Wasser" oder „bei der Bewegung des Wassers aufsteigender Schlamm" wäre, dann haben wir Verhärtung des *v* nach *r* anzunehmen wie in *corbeau courber*; so ist der verwandte Name des gallischen Quell-

---

[1] Ist es sicher, dass *„les bisouars"* bei Rabelais, *Gargantua* I Chap. IX, die *„colporteurs, vêtus d'étoffe bise"* bezeichnen, wie Burgaud des Marets und Rathery erklären? Sind es nicht ursp. *bijou*-Verkäufer? Dann hätten wir hier das Wort in älterer Gestalt.

[2] Von der Wurzel *bheru- bhur-* (lat. *fervere furere*), welche ursp. die sprudelnde Bewegung des Wassers bezeichnet.

gottes *Borvo* zu frz. *Bourbon* geworden. Immerhin liegen „aufsprudelnde Quelle" und „Schlamm" weit von einander entfernt.

braire S. 532 und **raire** S. 663.

Braire, d. i. **bragēre*, hat neben sich rom. **bragire *bragulare *bragitare* (s. Flechia, Arch. Glottol. II, 378 ff.). Es soll nach Diez durch Verstärkung des Anlauts aus *raire* entstanden sein. Aber ein Etymon zu *raire* fehlt ebenfalls. Das Wort dürfte aus dem Keltischen stammen. Doch kommt es nicht von cymr. *bragal*, das mit engl. *brag* zu frz. *braguer blaguer* gehört und unkeltisch ist.

Air. *braigim* glossiert *pedo* Sg. 11ᵃ, 3; diess ist gäl. *braigh-* „to give a crackling sound, as wood burning; to crackle, burst, explode, crash". Dazu gehört wohl cymr. corn. *bram* bret. *bramm* neuir. *broim* gäl. *bram braim breim* „crepitus ventris", wovon das Verbum cymr. *brammu* corn. *bramme* bret. *bramma brammet brammein* neuir. *bramuigh-* „pedere" [1]. Dem Stamme *brag-* entspricht lat. *fragor*, und da dieses von *frangere* nicht zu trennen ist, lässt sich weiter dazu stellen: cymr. *brau* (dimet. *brou*), *breuol* „zerbrechlich, bröckelig", *breuawd* „Zerbrechlichkeit", vielleicht auch *braw bra-nch*, Pl. *brawychion*, „Schrecken", sämmtlich von der Wurzel *brag-* lat. *frag-* d. *brek-*, die ursp. das krachende Zerbrechen bezeichnete. Dem ir. *braigim* entspricht genau rom. *bragire*, das seine Bedeutung auf den durch Geschrei hervorgebrachten Lärm eingeschränkt hat. — Man deutet *bruire* als onomatopoetisch umgestaltetes **rugere*; näher scheint mir eine andere Erklärung des *b-* zu liegen. Neben einander standen in verwandter Bedeutung *rugire *rugēre* und **bragire *bragere*; durch gegenseitige Beeinflussung entstanden die Nebenformen **brugēre* (*bruire*) und **ragēre* (*raire*). Vielleicht gehört auch rom. *bramare* (Diez I S. 63) zum keltischen *bramm-*, obschon gegen das deutsche Etymon, ahd. *brëman*, nichts einzuwenden ist.

bras S. 532.

Im Mittelirischen kommt noch die Form *mraich* für *braich* vor (Windisch, Ir. Texte S. 699); der keltische Stamm ist also *mraci-*. Das abgeleitete Verbum cymr. *bragu* gäl. *brach-* bedeutet nicht „brauen", sondern „Malz bereiten".

---

[1] Aus *bragm-* erklären sich die Formen nicht wohl; etwa aus *brangm-*?

brèche S. 532.

Cymr. *brêg* „Bruch" ist wohl Lehnwort aus dem Germanischen.

bréhaigne S. 532.

Gewiss ist bret. *brec'hagn* entlehnt.

brette S. 533 u. 755.

Der Zusammenhang von *brette* und wälschtir. *britola* mit ir. *berraim* „scheere", den Schuchardt (Zeitschr. f. rom. Phil. IV, 126) vermuthet, ist mehr als zweifelhaft, da das irische Verbum einen Stamm *bers-* voraussetzt (s. oben s. v. *bercer*). Die Assimilation von *rj* zu *rr*, die Zimmer annimmt (Zeitschr. f. vergl. Sprachf. 24, 212), ist für das Irische nicht zu erweisen.

briser S. 533 u. 755.

Mir scheint, trotz Ascoli, wenigstens eine Einmischung des keltischen Stammes nicht abzuweisen, und zwar wegen des tönenden Zischlauts in *briser*. Der Wandel von *cj* zu *z* ist zweifelhaft. Dass intervocalisches *c* (vor *e*, *i*) und *tj* vor dem Accent zu fr. *z* werden, hat Neumann sicher constatiert (Zur Laut- und Flexionsl. S. 80 ff.); *tj* und *c'* haben sich überhaupt parallel entwickelt; aber *cj* ist von ihnen zu trennen. Die beiden ersteren ergaben wohl frühromanisch einen einfachen palatalen Explosivlaut (*t'*); *cj* dagegen hatte das Plus eines *j*, also *t'j*. Man vergleiche die Bemerkung eines Grammatikers in den *Excerpta ex commentariis in Donatum* (Keil V, 327). Er spricht von dem *barbarismus* der Schreibung *pernities* statt *pernicies*: *quaerendum est autem, quare dixerit Donatus immutationem esse syllabae in hoc nomine, cum non tota syllaba, sed una tantum modo littera, id est t in locum c mutetur .... Ad quod respondendum immutationem esse syllabae veraciter, quia immutatur t cum suo i in locum c et i. Alterum namque sonum habet i post t et alterum post c. Nam post c habet pinguem sonum, post t gracilem.* Dieser Unterschied zwischen *cj* (*t'j*) und *tj* (*t'*) bekundet sich auch im Französischen; vgl. *suspicióne — sospeçon* [1]*, *ericióne — hérisson*, *hamicióne — hameçon*, *macióne — maçon*, *aciarium — acier*. Dagegen scheint *croisier* zu sprechen; doch kommt es nicht von lat. *cruciare*, wie die Bedeutung zeigt, sondern ist neu von *crois* abgeleitet; ebenso

---

[1] Wenn es nicht, wie prov. *sospeisso*, von *suspectio* kommt (Horning, Zeitschr. f. rom. Phil. VI, 435).

apaisier von *pais*. Es bleibt nur *oison* von **aucióne auciun*, das widerspricht; man erwartet **oiçon *oisson*. Vielleicht darf man Einfluss von *oisel oiseau* annehmen[1].

Demnach würde **briciare* afr. **bricier* ergeben; *brisier* weist auf **brisiare*. Die Herleitung aus *brisa brisare* liegt lautlich am nächsten; aber die Bedeutung „auspressen" zeigt sich nirgends beim rom. Verbum. Nun besitzt das Keltische den genau entsprechenden Stamm *bris-*. Zwar ein dem frz. *briser* adaequates Verbum lässt sich nicht nachweisen, was sich leicht dadurch erklärt, dass das intervocalische *s* in den Inseldialecten geschwunden ist; die Formen wären der Contraction sehr ausgesetzt gewesen. Dagegen existieren zwei Ableitungen: 1. air. *brissim* „ich breche", neuir. gäl. *bris-*; *ss* geht auf *st* zurück; das (schwach flectierende) Verbum ist von einem mit *t*-Suffix gebildeten Nominalstamme abgeleitet; 2. air. *brisc* neuir. *briosg* gäl. *brisg* bret. *bresk* „gebrechlich, bröckelig". Ob auch bret. *bresa* „zerknittern" hiehergehört, ist mir nicht sicher. Jedenfalls sieht man, dass der Stamm *bris-* in den keltischen Sprachen ein lebendiger war, und dass wir wohl ein gallisches Verbum vom einfachen *bris-* voraussetzen dürfen.

brive S. 534.
Ueber cymr. *briw* s. unten s. v. *bruiser*.

brouailles S. 534.
Diefenbach (Celt. 1, 200) vergleicht ir. *brú* cymr. corn. *bru* „Mutterleib"; aber der Genitiv lautet altir. *brond*, und dieser *nd*-Stamm kann im romanischen Worte nicht enthalten sein.

1. bru S. 535.
Schuchardts Vergleichung des romanischen Wortes mit air. *froech* neuir. gäl. *fraoch* f., Stamm *vroicá*, cymr. *grug* m., corn. *grig* „Heidekraut, Heide" ist bestechend (Zeitschr. f. rom. Phil. IV, 148). Doch müsste erst nachgewiesen werden, dass altes *oi* im festländischen Keltischen zu *ú* geworden, wie im Lateinischen und (in nachrömischer Zeit) im Brittischen. Mit Recht erklärt er bret. *brug bruk* als Lehnwort aus dem Romanischen und cymr. *brwg* (in Ortsnamen) für unverwandt.

bruiser S. 536.
Das Verbum scheint keltisch zu sein, vgl. air. *brúim* „zerschlage, zerschmettere", wohl aus *brús-* mit regelrecht ge-

---

[1] Vgl. jetzt Horning, Zur Gesch. des lat. *C* im Roman., S. 12 ff. u. 132 f

schwundenem *s*; neuir. *brúigh*- gäl. *brúth*- „to bruise" (*gh* und
th nur graphisch, um den Hiatus zu bezeichnen). Dazu gehört
sicherlich cymr. *briwo* „zermalmen, zerstückeln, quetschen, ver-
wunden", *briw* m. „fragmentum, noxa, vulnus". Das *i* entspricht
altem *û*; -*w* mag im Substantiv Suffix und das Verbum davon
abgeleitet sein; es könnte sich aber auch aus *brû(s)*- nach
Schwund des *s* durch Loslösung eines *v* *brûv- *briw*- entwickelt
haben. Hiezu corn. *brew* m. „a bruise", Adj. „bruised", *brewy*
„to bruise", bret. *breva brevi* „écraser, broyer, piler"[1], ferner
brien, Sg. *brienenn* f., „miette".

     caillou S. 538.

     Cymr. *cellt* und *callestr* liegen ganz fern.

     clap S. 548.

     Cymr. *clap* und *clamp* stehen ganz vereinzelt. Ersteres
kennt Davies nur in der Bedeutung „ictus, strepitus"; es ist
das engl. *clap*. *Clamp* „massa" wird aus engl. *clamp* entlehnt
sein, da engl. *clamp* zu weit abliegt.

     cloche S. 549.

     Die keltischen Wörter sind meist männlichen Geschlechts,
so altir. *cloc*, Gen. *cluic*, neuir. *clog* gäl. *clag* corn. *cloch* bret.
kloc'h. Nur cymr. *cloch* ist fem.; vielleicht weist der Plural
clych auf ein früheres Masculinum. In Irland scheint der Name
mit dem Instrument durch die ersten (brittischen) Missionäre
eingeführt; schon der heil. Patricius (5. Jahrhundert) verehrt es
dem neugeweihtem Bischof. Die alten Handglocken aus Eisen-
blech, wie die als Reliquie aufbewahrte des heil. Patricius[2],
mögen wohl ein dem Glucken der Henne vergleichbares Ge-
töne verursacht haben, und die Ableitung von onomatopoe-
tischem *klukk*- *klokk*- scheint mir nicht ohne Weiteres abzuweisen, wie Diez thut.

     coche S. 550.

     Die von Littré vertheidigte Verbindung mit cymr. *hwch*
„Schwein" ist unmöglich, da frz. *c* und brittisches anlautendes
h (altes *s*) nichts mit einander gemein haben.

---

    [1] Befremdlich ist bret. *e* = cymr. *i*; doch sind die Wörter kaum zu
trennen. Sonst könnte man an die Wurzel *brag*- in cymr. *brau* etc. denken,
s. oben s. v. *braire*.
    [2] Abgebildet bei Petrie and M. Stokes: Christian Inscriptions in the
Irish Language II, 112.

cohue S. 551.

Bret. *koc'hui koc'hu koc'hi* m. „Markthalle" steht vereinzelt und ist gewiss entlehnt. Man könnte zwar an cymr. *cy-chwyfan cyhwrfan* „motare", *cychwyfiad* „coagitation" denken von *chwyf* „motus", *chwyfio* „movere", letzteres = bret. *fñwal fñwa*, auch *gwïñwal*, „remuer, bouger, frétiller", Stamm *svim-* (d'Arbois de Jubainv., Études gramm. S. 32). Der Abfall von -*ñv* kommt auch sonst vor; aber die Praeposition cymr. *cy-* stellt sich bretonisch als *ke-*, nicht als *ko-* dar.

crau S. 556.

Cymr. *craig*, Pl. *creigiau*, f. „Fels, Klippe" (daher neuir. *creag* gäl. *creig*), bret. *krag kreg* m. „Sandstein" haben ursprünglich ein *c* im Auslaut. Die Bewahrung des *u* in unbetonter Silbe mit Schwund des vorhergehenden Consonanten kennt aber das Provenzalische, im Unterschied vom Französischen, nur, wenn der Consonant eine Media ist. Auch eine gallische Form *crucuo* würde nicht befriedigen. Ferner ist cymr. *craig* etc. wahrscheinlich verkürzt aus altir. manx *carric* neuir. gäl. *carraig* altcymr. *carrecc* neucymr. *careg* corn. *carrag* bret. *karrek* f. „Fels, Klippe, Stein"; vgl. neuir. gäl. *carr* „Klippe" [1]. Irisch *carric* und britt. *carrecc* entsprechen sich nicht lautgesetzlich, sondern sind von einem Sprachzweige in den andern hinübergedrungen.

Es ist also ein anderes Etymon des provenzalischen Wortes zu suchen mit Stamm *crav-* oder *crau-*; ich finde im Neukeltischen nichts Genügendes. Die nächstliegenden Wörter cymr. *crug crugyn* m. „cippus, tumulus", corn. *cruc* m. „a hillock, a mound, a barrow", bret. *krugell* f. „monceau, tas", altir. neuir. *cruach* „a rick, a heap", gäl. *cruach* f. „a stack of hay or peats; heap above the brim of a vessel; pile or heap", *cruachan* „a conical hill" weisen auf einen Stamm *croc-*, der auf *crauc-* zurückgehn kann. Aber die ursprüngliche Bedeutung ist offenbar „kegelförmiger Haufe"; diess liegt zu weit ab.

croc S. 557.

Cymr. *crog* corn. *croc* „Hängen, Hangen; hängend" gehört zum Verbum cymr. *crogi* corn. *crogi cregy* „hängen", eigentlich „henken" (bret. *krouga* nur in letzterer Bedeutung), von cymr. *crog* bret. *kroug* „Galgen" aus lat. *cruce(m)*. Dieselbe Entwick-

---

[1] Neuir. *carruigh* gäl. *carragh* „Steinpfeiler, spitzer Fels" scheinen auf air. *corthe* zurückzugehn.

luug im Irischen: air. *crochaim* „ich kreuzige“, neuir. gäl. *croch-*
„heuken, hängen“. — Daneben das entlehnte cymr. *crwg*, bret.
krok krog, Pl. *kreier*, „Haken“.

cruche S. 557.
Die romanischen Wörter stimmen besser zu dem deutschen
Stamme mit *û*, asächs. *krûka* ags. *crûce* etc. (s. Kluge s. v. *Krug*).
Cymr. *crwc* „Eimer“ steht vollständig vereinzelt; es ist wohl das
mittelengl. *crouke*. Aelter scheint cymr. *crochan* mittelir. *crocan*
„olla“, gäl. *crogan* „a little dish“. Der Stamm ist *crocc- crûcc-*,
vgl. ags. *crocca* isl. *krukka*.

darne S. 559.
Das gemeinbrittische Wort — auch corn. *darn* — fehlt dem
irischen Sprachzweige. In's Französische und Provenzalische
ist es wohl aus dem Bretonischen gedrungen. Air. *derna*, Gen.
dernann, neuir. *deárna* gäl. *dearn* f. bezeichnet die Handfläche;
vielleicht ist das brittische Wort damit identisch und bedeutete ursprünglich „Schnitte von der Gestalt einer flachen
Hand“. Dann wäre es mit *dour* (S. 563) verwandt (vgl. Diefenbach, Orig. Europ. S. 311).

dartre S. 559.
Bret. *daroued darvoued dervoed*, in Vannes *derc'houid* f.,
Sing. *darouedenn* etc., „dartre“ gehen möglicherweise auf
einen Stamm **durvitâ* oder **dervitâ* zurück (vgl. lat. *derbiosus*
„grindig“), aus dem sich auch genf. *darde darte* fr. *dartre dertre*
gewinnen lassen. Cymr. *tarwyd-en tarwden taroden* f. wird dasselbe Wort sein mit verschobenem Anlaut[1].

dorelot S. 563.
Cymr. *dorlawd* „fondling“ ist nach cymrischen Lautregeln
abstrahiert aus dem cymr.-bret. Verbum *dorlota*. Dieses ist
sicher aus dem Französischen entlehnt. Dass das Verbum *dorlô*
„streicheln, kneten“ im bret. Dialect von Tréguier daraus verkürzt ist, ist sehr wahrscheinlich; jedenfalls stammt frz. *dorelot*
nicht daher.

drille S. 564.
Nahe steht dem französischen Wort auch bret. *draill* m.

---

[1] Doch scheint auch das Altbretonische den Anlaut *tar-* zu kennen.
Die Glosse *tar-* „impetiginem“ ergänzt Stokes zu **tardol* = cymr. *tardd-*
awl „issuing, springing“ (Zeitschrift f. vergl. Sprachf. 26, 437). Aber als
Erklärung von *impetigo* „Ausschlag“ passt besser eines der oben besprochenen Wörter.

(mouillirtes *l*) „retailles d'étoffe“, Sg. *draillen* f.; daher *drailla*
„couper en morceaux une étoffe, trancher de la viande, de la
paille, du foin etc.“ Sowohl dieses Wort als auch das schon
im Mittelcymrischen belegte *dryll* mit dem Verbum *drylliaw*
dryllio „to shatter“ ist mir dunkel.

drôle S. 564.

Neben gäl. *droll* „a lazy idiot, a sluggard“, *drollaireachd*
„sluggishness“ verzeichnet das Dict. Scoto-Celt. *dreoll* „homo
torpidus“, *dreollanachd* „faintness, silliness“, *dreollan* „a silly
person“, auch *dreallaire* „an idler, saunterer“. Letztere Wörter
erinnern an cymr. *drel drelyn* „rusticus, barbarus, inhumanus, sor-
didus“ bei Davies, „clown, dunce, knave“ bei Spurrell. Dieses
kommt vielleicht von dem engl.-nord. *thrall*, altnorthumbr. *ðrǽl*
„Sklave“. Der Ausgangspunkt des französisch-deutschen Wortes
ist kaum in diesen Ausdrücken zu sehen.

écore S. 566.

Gäl. *sgor* ist entlehnt.

écoufle S. 566.

Zu corn. *scoul* bret. *skoul*, das vom französischen Worte
nicht getrennt werden kann, stellt sich cymr. *ysgyrfl* „captura,
praeda“, *ysgyfflu ysgyfflu* (mit Anlehnung an *gylf* „Schnabel“?)
ysglyfio (meynr. *ysglyffyaw*) „rauben, erhaschen, plündern“, dazu
ysgyflwr = *écoufle*. Es ist zweifelhaft, ob die cymrischen Wörter
die Grundbedeutung enthalten, oder ob das cymrische Verbum
ysgyflu und secundär das Subst. *ysgrfl* aus dem Vogelnamen abgeleitet sind, wie bret. *skoulat* „rauben“. Lautlich erinnert cymr.
ysgrfl an engl. *scuffle* „Handgemenge, Balgerei“. Eine französische Nebenform ist *escomble* in Lagadeuc's Catholicon.

embronc S. 568 u. 759.

Ir. *brón* cymr. *brwyn* m. „Trauer, Kummer“ hat den Stamm
brogno- brŭgno-.

engrès S. 569 u. 760.

Bret. *eñkrez iñkrez*, mbret. *encres* m. „Kummer, Unruhe“
ist gleich corn. *ancres* in derselben Bedeutung und gleich dem
veralteten cymr. *yngres*, das Davies mit „angustia“ übersetzt.
D'Arbois de Jubainville (Études gramm. S. 5) identifiziert diese
Wörter mit air. *ancride* „Unrecht, Beleidigung“, was unmöglich
ist wegen des cymr. und mbret. *s*, das nicht ir. *d* entsprechen
kann. R. Williams stellt corn. *ancres* zu *cres* m. „Friede, Ruhe“
mit der Negationspartikel *an-*; diess ist einleuchtend; was ist

aber *cress*, dessen Verwandte mir entgehn? Die Ausdrücke
erinnern auch an mittelir. *ances aingcess* mit derselben Bedeutung, dem aber das *r* fehlt (s. Windisch, Ir. Texte S. 352).
Jedenfalls liegt das Wort weit ab von fr. *engres*; denn
1. hat es *c* statt fr. *g*, und 2. ist es Subst. und nicht Adj.

entamer S. 570 u. 760.

Air. *tamon* heisst zunächst nicht „Rumpf", sondern „Baum-
stamm". Ueber cymr. *tam*, Stamm *tammen*-, s. oben s. v. *tamigio*.

ente S. 570.

Bret. *embouda ibouda* „propfen, oculieren", *emboud-enn iboud-
enn* fem. „Propfreis, Auge" kann nicht wohl von altfr. *emboter*
stammen, da dieses nur in der Bedeutung „mettre en paquet"
und „mettre dans une botte" zu belegen ist (s. Godefroy). Vielmehr weist es, wie frz. *enter*, auf ein spätlat. *impotare imputare*.

escamoter S. 573.

Ir. *cam* „deceit, injustice" kennt nur O'Reilly, dem niemals
zu trauen ist. Cymr. *cam* bedeutet „injury, wrong". Von „Kunst-
griff" kann ich nirgends etwas entdecken.

faude S. 582.

Cymr. *ffald* ist Fremdwort, wie der Anlaut zeigt.

fringuer S. 589.

Neben cymr. *ffrec ffreg* f. „chatter, gibberish" steht *ffregod*,
nach den Lexica „preachment" und „babble"; ebenso *preganthen
brygawthen* „preachment" und „prattle". Diese Wörter scheinen
scherzhafte Verunstaltungen von *pregard *pregod = lat. *prae-
dicatio*[1]; vgl. bret. *prezeg prezek* „parler, discourir, haranguer,
prêcher" von lat. *praedicare*. Das eigentliche Wort für Predigt
ist cymr. *pregeth* (corn. *pregoth*) = lat. *praeceptum*. *Ffreg* mag
aus *ffregod* verkürzt sein.

Dem bret. *frĩgal frĩga* „caracoler, gambader, se donner
du bon temps" steht nahe cymr. *gwringell* „motitatio" bei Davies,
„snap, crackle" bei Spurrell, *gwringellu* „motitare", *gwringain*
„to snap, to crackle". Kommen die Ausdrücke von lat. *frin-
guilla*, so sind die cymrischen Wörter entstellt; sonst weisen
dieselben auf einen Stamm *vring*- und erinnern einigermassen
an engl. *wriggle* „beweglich"[2].

---

[1] Lautlich, aber nicht begrifflich, näher liegt *precatio*.

[2] Sollte der ursprüngliche Stamm *svring*- sein und zu ir. *lingim* „ich
springe" (Stamm *svling*-?) gehören? S. oben s. v. *brincar* und vgl. d.
springen.

7*

gable S. 591.

Ueber die keltische Bezeichnung der Gabel s. oben s. v. *giavelotto*.

gaimenter S. 592.

Das Grundwort der von Diez citierten keltischen Verba, air. *gairm* cymr. corn. bret. *garm*[1] „Geschrei, Rufen“, ist ein neutraler *men*-Stamm. Man kann nicht leugnen, dass sich *garmen*- und fr. *guermenter* nahe stehen.

gal S. 592.

Cymr. *calen* f. „Wetzstein“, das Davies und Lhuyd nicht kennen, ist eine Verstümmelung von gleichbedeutendem *agalen* corn. *agolan* bret. *higolenn* Oxf. Gloss. *ocoluin*, das d'Arbois de Jubainville auf eine Grundform *aculêna* zurückführt (Études gramm. S. 6). Es hat also mit afr. *gal* nichts zu thun, ebensowenig wie das von Scheler und Littré angeführte bret. *kalet* *kaled* „hart“ = cymr. *caled* corn. *cales calys calas* air. *calath*.

Von Vergleichbarem bietet das Keltische nur ir. *gall* .i. *corthe cloiche* „Steinpfeiler“, bis jetzt nur in Glossaren belegt. Stokes (Cormac Übers. S. 84) scheut vor einer Vergleichung mit fr. *gal* wegen des doppelten *l*; aber gerade dieses würde die Erhaltung des fr. *a* erklären. Bis Belegstellen die genaue Bedeutung des Wortes bestimmen lassen, bleibt die Zusammenstellung ganz unsicher.

gale S. 592 u. 763.

Bret. *gal* ist das franz. Wort. Gül. *gall* (nach Scheler) oder cymr. *gal* (nach Littré) „éruption“ giebt es meines Wissens nicht.

glaire S. 597.

Cymr. *glafoer glofoer glyfoer*, bret. contrahiert *glaour* m. „Geifer, Speichel“ hat, wie Diez und Littré richtig sehen, mit dem romanischen Worte nichts als den Anlaut und Auslaut gemein. Einen Versuch zur Etymologie des keltischen Wortes s. bei d'Arbois de Jubainville (Études gramm. S. 12). Die eigenthümliche cymrische Endung mag sich aus der Anlehnung an *poer* „Speichel“ erklären.

glaner S. 598.

Zur Ableitung von gemeinkelt. *glan* „rein“ stimmt namentlich der Vocal von *glenaveril* und prov. *grenar* schlecht.

---

[1] Ueber das erhaltene *m* s. Gramm. Celt.² S. 821.

glui S. 599.

Cymr. *cloig* f. steht dem französischen Worte lautlich ziemlich ferne; *oi* ist kein alter Diphthong, sondern das Wort ist ursprünglich zweisilbig, Stamm *clo* und Suffix *-ig*. Davies kennt es nur in der Bedeutung „scrula, fibula lignea" zu *clo* „sera, clausum, conclusio". Dagegen O. Pughe erklärt es mit „a heap; a hitch; the fastening at the end of a plough poll; helm or straw made into bundles for thatching", daher das Dem. *cloigen* f. „a hitch; a bundle of thatch". Wie das Wort zu letzterer Bedeutung gelangt ist, und ob überhaupt derselbe Stamm zu Grunde liegt, ist mir zweifelhaft. Mit fr. *glui* hat es wohl nichts zu thun. — Ir. *glac* „das Innere der Hand", welches Chevallet weiter anführt, liegt lautlich ganz fern.

gobbe S. 599.

Gäl. *gob* etc. s. oben s. v. *gabbo*.

gobelin S. 599.

Bret. *gobilin* m. „esprit follet, lutin" ist das frz. Wort.

goda S. 599.

Der keltische Stamm ist *got-* in air. *goithimm* (gl. *futuo*) und cymr. *godineb* „adultery, fornication, incontinence", s. Gramm. Celt.[2] S. 161. Schwierig ist es, das Verhältniss dieser Wörter zu mlat. *gadalis* „Hure" zu bestimmen. Bret. *gadal* „débauché", *gadalez* „Hure", *gadelez* f. „débanche" weisen auf ursp. **gatalis*, prov. *gazal* aber auf *gadalis*, während frz. *gaalise* nichts entscheidet (s. Tobler, Romania II, 237 ff.). Doch kann bret. *gadal* ein Lehnwort sein, das erst nach dem Wandel des einheimischen *d* zu *z* (ð) aufgenommen wurde; dann haben die Stämme *got-* und *gad-* nichts mit einander zu thun.

goëland S. 600.

Das französische Wort stammt aus bret. *goelann gwelan*, nicht etwa aus dem Altkeltischen. Diefenbachs Etymologie lassen wir auf sich beruhn.

gogue S. 600.

Cymr. *gogan* „Satire, Schmähschrift", *goganu* „to satirize", bei Davies „vituperare, obtrectare, invehi" ist ein Compositum von *go-* „unter" und *canu* „singen". Bret. *goge* m. „raillerie, fourberie" wird das französische Wort sein; das Verbum *gogea* „railler" wäre fr. **goyayer *gogoyer*. Cymr. *gog* hat keine reale Existenz.

2. gourme S. 601.

Troude bemerkt in seinem Lexicon, dass man die Kinnkette bretonisch lieber mit *chadenn gromm* als mit dem blossen *gromm* bezeichne. Diess bestätigt Chevallet's Etymologie und und erklärt zugleich das anlautende *g*. In *chadenn gromm* „krumme Kette“ ist *gromm* die grammatisch richtige Form des Adj. *kromm kroumm*, da *chadenn* weiblich ist, d. h. ursprünglich vocalisch auslantete, und daher die Tenuis des folgenden Adjectivums nach den Regeln der bretonischen Grammatik zur Media werden muss. Die Bezeichnung **gromme grommette* ist also aus der Bretagne nach Frankreich gedrungen; die spätere Form *gourmette* wird sich an *gourme gourmer* angelehnt haben. Das Adj. **crumbo-* „krumm“ kennen alle neukelt. Sprachen, vgl. air. *cromm* gäl. *crom* cymr. *crwm*, f. *crom*, corn. *crom*. Doch da es gemeingermanisch ist, wird es aus. ags. *crumb* entlehnt sein. Zwar findet es sich schon in dem mehrfach überlieferten Spruche, mit dem irische Druiden die Ankunft des hl. Patricius prophezeit haben sollen [1]; sein Bischofsstab wird dort als *crand cromcend* „krummköpfiger Stock“ bezeichnet; doch beweist diess höchstens, dass dieser Spruch verhältnissmässig spät erfunden worden ist.

gravir S. 603 u. 764.

Cymr. *grabin* „closing, clasping, grasping“ aus engl. *grab* „to seize, clutch“; vgl. oben s. v. *graffio grappa*.

grègues S. 603.

Aus dem Neucymrischen, wenn die Etymologie richtig ist (s. Schuchardt, Zeitschr. f. rom. Phil. IV, 148).

grève S. 604 u. 764.

Cymr. *grafel* m. ist nicht Plural des einheimischen *gro* f. „Kieselstein“, sondern aus engl. *gravel* entlehnt. Der Vocalismus von bret. *krae grae*, in Léon *krôa grôa* ist mir unverständlich, wenn nicht etwa Anlehnung an das andere Wort für „Kies“, *groan grouan*, stattgefunden hat (s. oben s. v. *arnese*); vgl. corn. *grow* und *growyn*. Ursprünglich sind beide Wörter verschieden, s. Stokes, Rev. celt. V, 245. An Entlehnung des bret. *grôa grae* aus afr. *groe* ist kaum zu denken.

guêtre S. 606.

Bret. *geltr gweltr* „guêtres“ steht, so viel ich sehe, ganz vereinsamt.

---

guile S. 607.

Cymr. *gwill gwilliad* „Vagabund, Landstreicher", corn. *gwillein* „Bettler", bret. *gwill* (veraltet) „larron de nuit", alle mit *ll*, scheinen fern zu liegen (vgl. fr. *courir le guilledou*).

hibou S. 615, s. Einleitung S. 22 ff.

hober S. 615.

Cymr. *ob* existiert nicht.

hoche S. 616.

Cymr. *hug* corn. *huk* ist allerdings identisch mit altengl. *huke* frz. *huque* mittellat. *huca*, aber das Stammwort derselben ist es nicht.

jante S. 620.

Bret. *kammed* „Felge" ist nach Le Gonidec fem., nach Troude masc. Ist ersteres richtig, so geht das Wort auf *cambitá *cammita zurück, das auch die Grundform des frz. *jante* sein kann. Jedenfalls hat der Stamm ursprünglich doppeltes *m* (aus *mb*), wie auch die Bewahrung des *a* in wallon. *chame* zeigt. Cymr. *camog* aus *cambácá und *cameg* aus *cambicá. (Statt *Orig. Europ. 269* l. *278*.)

jars S. 620.

Auch der Anlaut von cymr. corn. bret. *iar* „Henne" lässt sich nicht mit pic. *gars* (bret. *garz*) vereinigen.

jaser S. 621.

Bret. *geiz* und *geid* „Gezwitscher" liegen lautlich dem frz. *gazouiller* fern. Zu jenen cymr. *gythu* „murmeln" (Littré)? Es fehlt bei Davies und ist bei O. Pughe mit dem Zeichen der Ungebräuchlichkeit versehen.

lai S. 623.

Die Vergleichung mit cymr. *llais* Pl. *lleisiau* „Stimme, Ton" muss aufgegeben werden, nicht nur der Bedeutung, sondern auch der Laute halber. *Llais* ist die moderne Form von früherem *lleis*; man sieht nicht ein, weshalb die Franzosen und Provenzalen keltisches *ei* so consequent mit *ai* wiedergegeben hätten.

Dagegen hat neuerdings d'Arbois de Jubainville[1], wie schon früher F. Wolf, auf die frappante Uebereinstimmung mit ir. *laid*[2]

---

[1] Romania VIII, 422.

[2] So ist die gewöhnliche Schreibung. In der ältesten Belegstelle (Sg. 203) findet sich zwar *loid*; diess ist aber ohne Belang, da schon in den ältesten Handschriften die Diphthonge *oi* und *ai* verwechselt werden (s. oben s. v. *aib*). *Laid* ist ein *i*-Stamm, wie der mittelir. Dat. Pl. *láidib*

„Lied", neuir. gäl. *laoidh* „Hymne" hingewiesen. Er glaubt, dass
schon damals das auslautende *d* den Werth von *j* gehabt habe
und deshalb im rom. Worte nicht zum Ausdruck komme. Wahrscheinlicher ist, dass zu jener Zeit das *d* noch als interdentale
Spirans gesprochen wurde, und dass die rom. Nebenform *lais*
den keltischen Lauten gerecht zu werden suchte, indem sie ð
(oder *th*) durch *s* wiedergab. Der schottische König *Cinaed*
(971—995) heisst ags. *Kenneth*.
Auffallend bleibt, dass das Wort den brittischen Dialecten
fehlt; und doch ist es kaum zweifelhaft, dass die Romanen
die Bezeichnung der *lais bretons* von b r i t t i s c h e n Sängern
adoptiert haben, wenn auch vereinzelt ein *Irois* als Spieler von
lais erwähnt wird (s. G. Paris, Romania VIII, 33 ff.). Es ist nicht
unmöglich, dass auch die Britten einst den Ausdruck besessen
und später verloren haben; die Denkmäler des Altbrittischen
sind leider allzu spärlich. Die cymrische Form wäre *llaedd*,
altcymr. und altbret. *laið; aber sie ist, wie gesagt, rein hypo-
thetisch [1].
Die Zusammenstellung von *laid* mit lat. *laus* (d'Arbois de
Jubainv.) oder mit d. *Lied* (Stokes) ist unstatthaft, da es vom
ersteren Worte in den Vocalen, vom letzteren ausserdem im
Endconsonanten abweicht, vgl. got. *liuþ-areis* „Sänger".

lambeau S. 624.
Cymr. *llabed* „label, flap, appendix" aus engl. *lap*. — Gäl.
leaba leab neuir. *leabadh* air. *lepad* f. „Bett, Lager" liegt fern.

lendore S. 625.
Die bret. Wörter betrachtet Diez mit Recht als entlehnt.

léri S. 625.
Da die Ableitung von *hilarius* sehr bedenklich ist und
eine andere Etymologie fehlt, dürfte ein keltisches Wort in Betracht kommen. Air. *léir* bedeutet „thätig, rüstig, fleissig", in
kirchlichen Texten häufig „rüstig im Glauben, fromm"; dazu
das Adv. *colleir coleir* „industrie", neuir. *go léir* gäl. *gu léir* „al-

---

(nicht *laedaib) beweist; Windisch hätte daher nicht den Nom. Sg. als *laed*
ansetzen sollen (Ir. Texte S. 651). Air. *laedib* spricht nicht dagegen, indem
im Altirischen die Infection vor erhaltenem inficierondem Vocal nicht durchgehend bezeichnet wurde.
　[1] Vielleicht weicht air. *laid* von fr. *lai* im Geschlechte ab; Windisch
(a. a. O.) bezeichnet jenes als weiblich. Doch stützt er sich dabei auf eine
einzige Belegstelle; neuir. gäl. *laoidh* ist masc.

together, wholly"[1]. Die Bedeutungen „rüstig" und „munter"
lassen sich leicht vereinigen. Der irische Stamm ist *ĕri-* (aus
*leiri-), woraus ein romanisches Adj. **lĕrius* entstehen konnte.
Ich verkenne die lautliche Schwierigkeit nicht. Prov. *leri*
reimt mit *emperi queri proferi soferi adulteri*, hat also offenes *e*.
Zwar findet sich unter den Reimwörtern zweimal *salteri sauteri*
= *psaltĕrium*; aber in den Lehnwörtern ist *-ĕrium* wie *-ĕrium*
behandelt worden (s. Wiechmann, Ueber d. Ausspr. d. prov. *e*,
S. 36). Immerhin könnte *leri* als einziges Wort auf *-ĕri*[2] sich
den vielen auf *-ĕri* angeschlossen haben.

liart S. 626 u. 766.

Das veraltete cymr. *llai* „color fuscus" in *march llai* „a dark
grey horse", *gŵydd lai* „a goose of dusky plumage" ist nicht
verschieden von dem oben s. v. *lia* besprochenen Worte *llai*.
So wird auch *liart* von *lie* abgeleitet sein und eine trübe,
schmutzige Farbe bezeichnen. Also *cheval liart, poil liart* ist
das Pferd oder das Haar, dessen Weiss durch graue Flecken
getrübt ist. Das Bild ist vom trüben, mit Hefe durchsetzten
Wein entlehnt. Zur Bildung vergleiche afr. *fangart* „Morast"
von *fange*.

maint S. 632.

Die Endung von frz. *maint* prov. *maint manh*, ursp. *-aint'*,
kann auf zweierlei Weise entstanden sein, entweder durch
Schwund eines Gutturals zwischen *n* und *t*, oder durch Afficie-
rung des *-t* durch ein ursp. auslautendes *-i*, vgl. **tutti — tuit tuch*,
illi — ilh il. Das erstere wäre der Fall bei der Herleitung aus
dem Deutschen; aber keines der deutschen Wörter entspricht
dem romanischen zugleich in Form und Bedeutung. Bei der
zweiten Entwicklung wäre die Grundform **manti*.
Diess führt uns zu air. *méit* neuir. *méid* gäll. *meud* cymr.
meint, jetzt *maint*, corn. *myns mens* bret. *meñt* „Quantum, Grösse,
grosse Menge". Sehr häufig vertritt das Wort ein Numeral-
pronomen; air. *méit — méit* „quantum — tantum", corn. *myns*
„alles was", air. *ce-méit* cymr. *pa faint* „wie viel?", zusammengesetzt in air. *comméit* cymr. *cymmaint* corn. *cemmys cymmys*

---

[1] Dieser Bedeutungsübergang legt es nahe, auch cymr. *llwyr* „utter,
clean, perfect, entire, full, complete, total", Adv. „quite, totally, completely,
altogether" hieherzuziehn.

[2] *cĕreum* war zu *ciri* geworden.

bret. *kemeñt* „so viel, ebensoviel" (vgl. fr. *tamaint*). Im Mittelirischen wird sogar ein Comparativ *métither* „grösser" davon gebildet. Diesem Worte entspricht Laut für Laut ein festländisches **mantî*. Was die erste Silbe betrifft, vgl. air. **étmar* mittelir. *edmur* neuir. *eudmhar* gäl. *eudmhor* „eifersüchtig" (von *ét* „Eifer" und *már* „gross") und gall. *Jantumârus*, fem. *Jantumâra*[1]. Dass der Auslaut *i* war, zeigt mcymr. *meint*, da kurzes auslautendes *i* nicht Umlaut und Epenthese bewirkt. Das Wort ist weiblichen Geschlechts im Irischen und im Bretonischen; nur im Cymrischen und Cornischen wird es als männlich aufgeführt; es hat hier durch seine pronominale Verwendung sein altes Genus eingebüsst. Nach dem Nom. Sg. der weiblichen *i*-Stämme wird im Irischen der erste Consonant des folgenden Wortes aspiriert, was an und für sich auf vocalischen Auslaut des ersten Wortes weist. Windisch (Ir. Gramm. § 93) erklärt diess aus der Analogie der weiblichen *â*-Stämme. Für manche Fälle wird es zutreffen; doch mag den Anstoss dazu gegeben haben, dass sich mit den weiblichen *i*-Stämmen (Nom. Sg. -*is*) die Wörter auf -*î* vermengt haben. So dürfen wir auch für ir. *méit* den ursp. Nom. Sg. auf -*î* voraussetzen; die Wirkungen von -*is* und -*î* sind im Irischen dieselben.

Ist das keltische **mantî* „grosse Anzahl" das Etymon von fr. prov. *maint*, was kaum abzuweisen ist, dann hat es auf romanischem Boden verschiedene Wandlungen durchgemacht. Da es ursp. ein Nomen ist, müsste „viele Ritter" oder „mancher Ritter" eigentlich ausgedrückt werden durch *maint chevaliers* (*chevaliers* als Vertreter des lat. Gen. Pl. gefasst). Der erste Schritt war wohl, dass *maint* als unveränderliches Zahlwort behandelt wurde, so dass die syntactische Form des zugehörigen Substantivs unberührt blieb; diese Umwandlung hat ja auch lat. *milia* im Französischen und Provenzalischen erfahren. Als zweiter Schritt folgte, dass *maint* im syntactischen Gebrauche vollständig mit dem gleichbedeutenden *molt* verschmolz, dass es zum Adjectivum wurde und daher den Nom. Sg. und Obl. Pl. *mainz mains* und das fem. *mainte* bildete. Wir können die

---

Spuren dieser Entwicklung nicht mehr verfolgen, da die ältesten französischen und provenzalischen Denkmäler das Wort nicht kennen. Hier herrscht *molt* noch unumschränkt; erst später wurde es durch *maint* auf die adverbiale Geltung reduziert[1].

marne S. 635.

Bret. *marg* in. „Mergel" ist nicht etwa ein directer Abkömmling des altkeltischen Wortes, da *g* nach *r* sich nicht hält; es wird aus dem südlichen *marga* entlehnt sein. Ebenso cymr. gäl. *marl* neuir. *marla* aus engl. *marl* afr. *marle*.

matras S. 636.

Seltsam ist das erhaltene *t* im Französischen und Provenzalischen, da das keltisch-lateinische Wort mit einfachem *t* geschrieben wird und auch mittelcymr. *medru* „schiessen, treffen", wenn es mit Recht hiehergestellt wird[2], auf einfaches *t* weist. Vgl. nordit. *marel marelo* „Pfahl, Knüttel" mit geschwundenem *t* bei Mussafia, Beitr. S. 77. Vielleicht existierten *mat-* und *matt-* neben einander. Zu Letzterem lassen sich verschiedene Wörter stellen, so mittelir. *matan* „Keule", *maite* neuir. gäl. *maide* „Stock", cymr. *mathru* „niedertreten, stampfen", vgl. *matrasser*. — Bret. *bataraz* f. „Keule" ist das rom. Wort mit vertauschtem Anlaut.

mauvis S. 637.

Sicher ist, dass corn. *melhuet melhues* f. „Lerche" und bret. *milfid milvid*, in Vannes *milc'houid*, m. „mauvis" identisch sind. Für sich betrachtet erscheinen sie als Compositum *mil-* oder *mel-* + *svit-*, dessen Bestandtheile zu vieldeutig sind, als dass ich eine Etymologie wagen möchte. Jedenfalls bedeutet *melhues* nicht „Honighauch", wie Pryce meinte, da nicht corn. *hret hres*, sondern *hweth* den „Hauch, Windstoss" bezeichnet. Der zweite Bestandtheil erinnert vielmehr an die bretonischen Namen der Lerche: *ec'houeder ec'houedez*, auch *c'houeder* und *alc'houeder alc'houedez* (s. oben s. v. *allodola*), bei Lhuyd (S. 2ª) *zhilwet* (*zh* = fr. *j*)[3]. Zu *ec'houedez* stellen sich wiederum corn. *ewidit* und *ehidit* cymr. *ehedydd hedydd uchedydd* „Lerche", offenbar lauter

---

[1] Man könnte auch annehmen, **manti* sei von Anfang an von den Romanen als Nom. Pl. wie *multi* gefasst und nach diesem Muster flectiert worden, vgl. prov. fem. *manta*. Dagegen spricht aber frz. *ais* im Sing. und im Fem.

[2] Gramm. Celt.² S. 83.

[3] Oder ist *Zhilwet* ein Lese- oder Druckfehler für *Milwet*? Dieses wäre identisch mit obigem *milvid*.

Variationen desselben Wortes, zum Theil mit volksetymologischer Umbildung.

Ob *milfid melhuet* etc. einheimisch oder ob sie aus einem Spätlat. Worte umgestaltet sind, vermag ich nicht zu entscheiden. **mègue** S. 638 u. 767.

Der keltische Ursprung ist sicher. Gill. *meóg meug* m. „Molken" ist entstanden aus air. *medy* neuir. *meidhg*, welchem cymr. *maidd*, älter *meidd*, entspricht (Corm. übers. S. 115). Die Wörter sind zwar im Geschlecht vom romanischen verschieden; aber die lautliche Uebereinstimmung ist schlagend. Romanische Grundform wird **med..ga* sein [1].

moquer S. 643 u. 769.

Cymr. *mocio* aus engl. *mock*.

musser S. 645.

Rom. *mūciare ist wahrscheinlich keltischen Stammes, vgl. air. *mūchaim* „ich verberge, verhülle", auch „ich ersticke", neuir. gill. *mūch-* „to smother, squench", dazu bret. *mik* m. „suffocation", *miga* „être suffoqué de colère". Der Stamm ist *mūc-*.

Daneben steht cymr. *mygu* demet. *mogi* „ersticken", was auf kurzes *u* oder *o* weist. *Mygu* heisst auch „rauchen, räuchern" von *mwg* „Rauch, Dampf", wohl entlehnt aus ags. *smoca*. Umgekehrt scheint air. *mūch* „Rauch" langes *u* zu haben. Es hat offenbar eine Vermischung zweier Stämme stattgefunden, des einheimischen *mūc-* und des entlehnten (*s)moc-*. Das Bretonische hält beide streng auseinander, vgl. *mouy mog* f. „Feuer" (im Sinne von Haushaltung), *moged* „Rauch, Dampf", *mouga* „étouffer, suffoquer, asphyxier". Letzteres Verbum zeigt uns klar den Berührungspunkt der beiden Stämme. Corn. *megi* „to make smoke, to smother, to stifle, to suffocate, to choke" von *moc* m. „smoke, fume" folgt dem cymrischen Gebrauch.

osche S. 650.

Bret. *ask* m. „entaille", *aska* „entailler" erinnert an cymr. *asgen* f. „noxa, laesio" [2]. O. Pughe's Zerlegung des letztern in *as + cen* („Haut") — also *asgenu* eigentl. „schinden" — ist sehr zweifelhaft. Dennoch möchte ich nicht auf die Vergleichung von

---

[1] Wie die irischen Wörter auf *dg* entstanden sind, ist nicht ganz klar. Gewiss ist zwischen *d* und *g* ein Vocal geschwunden. Man beachte auch den merkwürdigen Wechsel von *dc* (*dg*) und *rc* im Verbum *dubidc-* „schleudern", Inf. *dibirciud*, vgl. Ml. 58°, 4 u. 6.

[2] Vgl. auch (?) ir. *aisc .i. foghail* („Raub, Plünderung") bei O'Clery.

ask und *asgen* hin keltischen Ursprung des romanischen Wortes behaupten. Wahrscheinlich hat es das Bretonische entlehnt, da es sich in der Bedeutung so eng an's Romanische anschliesst. Ist jedoch Foersters Etymologie (*absecare*) richtig, dann kann sich bret. *aska* selbständig daraus entwickelt haben (Zeitschr. f. rom. Phil. V, 98).

Ganz unverwandt sind cymr. *asglod-yn* bret. *askleudenn askloedenn askledenn* „Holzspahn", die von spätlat. *ascla* aus *assula* stammen.

osier S. 650.

Das aus dem Romanischen geschöpfte bret. *aozil* m. (vgl. *oisil* im Berry) weist auf den Anlaut *aus-* hin, der durch die früh-mittellat. Schreibung *ausariae* bestätigt wird (s. Littré s. v. *oseraie*). Die Herleitung von ὄζος ist also aufzugeben.

pantois S. 654 u. 770.

Man mag über G. Paris' Etymologie, die mir einleuchtend scheint, denken, wie man will, dem cymr. *pant* liegen die romanischen Wörter fern (vgl. Skeat s. v. *pant*). Cymr. *pant* übersetzt Davies mit „vallis, vallicula", O. Pughe mit „a depression, a hollow, a dinge, a low place", daher *pantu* „to sink in, to form a hollow, to indent, to dimple".

raire S. 663; s. oben s. v. *braire*.

rame S. 664 u. 772.

Altir. *ráme* neuir. *rámha* gäll. *rámh* „Ruder" ist eine einheimische Bildung von der Wurzel *rá-*, vgl. *ráim imm-ráim* „ich rudere, fahre", Inf. *immram*. Ihr entspricht corn. *rêv* „Ruder" bret. *reuff* „Steuerruder". Daneben hat sich in den brittischen Dialecten lat. *rêmus* eingebürgert: cymr. *rhwyf* corn. *ruif* bret. *roeñw roev* f. „Ruder" mit merkwürdigem Geschlechtswechsel.

Frz. *rame* kann lautlich weder aus *remus* noch aus *rama* entstanden sein. Wer es also nicht mit Brachet als aus prov. *rem* entlehnt betrachtet, wird es aus dem Verbum *ramer* ableiten, welches aus **rēmāre* entsprungen sein kann, so gut wie *faner* aus **foenáre*. Anlehnung an ein gallisches Wort braucht man nicht anzunehmen.

rigole S. 670.

Davies und Lhuyd kennen nur cymr. *rhigol*, woraus *rhig* abstrahiert scheint. Es ist wohl das französische Wort. Das erhaltene *g* in *rigole* weist auf südlichen Ursprung. Schelers Ableitung von *rigare* ist wahrscheinlich; doch kommen auch die oben s. v. *retha* und *raggio* besprochenen Wörter in Betracht, vgl. bret. *rega* in Cornouaille „faire des rigoles", sonst „fouir la terre comme font les pourceaux" vom Stamme **rica*. Das *g* ist geschwunden in brot. *riol-enn* „Rinne, Geleise", vgl. frz. *riolé* „gestreift".

rin S. 670 u. 773.

Die roman. Wörter, soweit sie belegt sind [1], kommen vom kelt. Stamme *reino-*, dessen Diphthong im Flussnamen *Rênus* zu *ê* geworden [2]. Früh-mittelir. *rian* (St. *rêno-*) wird durch *muir* „Meer" erklärt; ursp. „Meeresströmung"? — Cymr. *rhin* „channel" wird aus dem Französischen entlehnt sein.

rôder S. 671.

Auch das schon mittelcymr. *rodyaw* *rhodio* „umhergehen, umherstrolchen" wird wohl am besten von lat. *rota* cymr. *rhod* hergeleitet. Denn cymr. *rhawd* in *rhawden rhodle* „Pfad" wird das engl. *route* sein.

ru S. 673.

Nach W. Foerster (Zeitschr. f. rom. Phil. V, 96) ist afr. *ru* von *riu* zu trennen. Ist *rut-* der Stamm des ersteren, so könnte man an air. *sruth* cymr. *ffrwd* corn. *frot* bret. *froud* „Fluss, Bach" denken. Doch hat dieser keltische Stamm *srutu-* kurzes *u*; es ist auch zweifelhaft, ob die Romanen keltisches *sr-* durch blosses *r-* wiedergegeben hätten.

ruban S. 673.

Skeat (s. v. *riband*) hält Stratman's Herleitung aus dem Keltischen für „*conclusive*". Die in Betracht kommenden Wörter sind: cymr. *rhib* „streak", *rhibin* „scanty row, streak" (fehlen bei Davies und Lhuyd). In der Bedeutung läge engl. *stripe* am nächsten; aber die Verstümmelung wäre zu stark. Es mag das engl. *rip* „Riss" sein, vgl. *to riple* „ritzen"; man könnte auch an *rib* „Rippe" denken.

Jedenfalls stimmt es in den Lauten nicht überein mit den irischen Wörtern; hier finden wir 1. gäl. *rib ribe riob rioba* „Schlinge"; 2. neuir. gäl. *ribe rioba* „Haar", *ribeach riobach* „haarig", gäl. *ribeag riobag* „a little hair, lock of wool, lint etc.", ir. *ribeóg ribin* „a whisker, a mustache" (Lhuyd); 3. neuir. *ribin*

---

[1] *rin* im Reim *Horn* V. 4076.

[2] Wenigstens bei den Stämmen, von welchen die Römer den Namen entlehnten; andere sprachen **Rinos*, wie d. *Rin* zeigt.

gäl. *ribinn ribean* = cngl. *ribbon*. No. 1 ist mir dunkel; es ist vielleicht aus irgend einem Verwandten des deutschen *Reif*, ursp. „ringförmiges Band“, geflossen, vgl. ndl. *reep* nord. *reip*. — 2. *ribe* ist die moderne Form von mittelir. *ruibe* „einzelnes Haar“. Neuir. 3. *ribin*, auch *ruibin* geschrieben, sieht aus wie ein Deminutiv dieses Wortes. Aber „Härchen“ liegt von „Band“ weit ab; etwa ursp. „kleine Haarflechte“? Näher liegt jedenfalls die Entlehnung der unter 3. genannten Wörter aus dem Englisch-Französischen. Bret. *ruban* ist sicher das frz. Wort.

ruche S. 673.

Auch mittelir. *rúsc* bedeutet neben „Rinde“: „ein aus Rinde verfertigter Gegenstand, Korb“. Der Vocalismus von bret. *rusk* *ruskl* „Rinde“, *ruskenn* „ruche“ zeigt, dass der Stamm neu aus dem Romanischen entlehnt oder wenigstens durch das romanische Wort beeinflusst ist, vgl. das einheimische cymr. *rhisg* *rhisgl*. Das Cornische kennt *risc* und *rusc*, die echtbrittische und die entlehnte Form. — Afr. *rouche* (bei Littré) hat den langen Vocal vor Doppelconsonanz gekürzt. Zu prov. *brusc* = *rusca* s. oben s. v. *frusco*.

sémillant S. 676 u. 774.

Cymr. *sim* existiert nicht, nur *simer* „levity, trifling“, *simera* „to play, to trifle, to dally“. Man könnte an corn. *sim* cymr. *simach* „Affe“ denken; aber ein Suffix -*er* ist in der cymrischen Sprache nicht lebendig. Vielmehr ist *simer* aus frz. *chimère* entlehnt; frz.-engl. *chi* wird stäts durch *si* ausgedrückt, vgl. *simnai* *simne* „chimney“.

Wenn man Bugge's Ableitung von **submiculare* nicht annehmen, sondern bei einer keltischen Etymologie bleiben will, bietet sich ganz von selbst der keltische Stamm *svim-* „hin- und herbewegen“ dar, der oben s. v. *cohue* besprochen worden ist.

sescha S. 677.

Der keltische Ursprung ist durch die regelrechte Lautvertretung gesichert. Die keltischen Wörter für „Rohr, Schilf“ sind: cymr. *hesg*, Sg. *hesgen*, corn. *hescen* f., bret. *hesk* m., neuir. *seisg* f., gäl. *seasg* (veraltet); im älteren Irisch ist bis jetzt nur das abgeleitete *sescen sescenn* „Röhricht, Sumpf“ belegt[1]. Der gemeinsame Stamm ist **sescâ*, vielleicht **siscâ*.

---

[1] Zimmer (Zeitschr. f. vergl. Sprachf. 24, 212) stellt air. *sescen* „Sumpf“ zu ir. *sesc* cymr. *hesp* „trocken, unfruchtbar“.

soc S. 679.

Frz. *soc* „Pflugschaar" ist von lat. *soccus* zu trennen; sein
keltischer Ursprung ist, glaube ich, deutlich nachzuweisen.
Die Pflugschaar heisst air. *socc* neuir. gäl. *soc* m., cymr. *swch* f.,
corn. *soch* bret. *souc'h soc'h* m. Dasselbe Wort bedeutet im
Irisch-Gälischen, angeblich auch im Cymrischen, „Schnauze"
und zwar speziell „Schweinsschnauze". Die Vergleichung lag
nahe; beide wühlen die Erde auf. Von vorn herein lässt sich
nicht entscheiden, von wo aus die Uebertragung stattgefunden.
Nun aber stellt sich daneben cymr. *hwch* f., corn. *hoch* bret.
houc'h hoc'h m. „Schwein". Das Cornische und das Bretonische einerseits und der Vocalismus von cymr. *hwch* (*w* statt *o*)
andrerseits zeigen, dass das Wort ursprünglich männlichen Geschlechts ist. Der Genuswechsel im Cymrischen erklärt sich
leicht daraus, dass das weibliche Schwein bei der Schweine-
zucht die Hauptrolle spielt[1]. Der Stamm des Wortes ist *succo-
socco-*, derselbe, der auch den zuerst angeführten Wörtern zu
Grunde liegt. Die beiden Ausdrücke sind nicht zu trennen.
Man wende nicht ein, dass *hwch* das ganze Schwein, *socc*
aber nur die Schnauze desselben bedeute; denn das *totum pro
parte* lässt sich in andern, ähnlichen Fällen constatieren. So
bezeichnet ir. *corr* nicht nur den Kranich, sondern auch den
Kranichschnabel und verschiedene ihm ähnliche Gegenstände,
wie Schiffsschnabel u. a. Daraus folgt, dass die ältere Bedeutung von kelt. **succos* „Schweinsschnauze" war, und dass es als
„Pflugschaar" ein metaphorischer Ausdruck ist. Dazu stimmt
auch, dass die Pflugschaar im Neuirischen nicht schlechtweg
soc, sondern *soc céachta*, gäl. *soc croinn*, eigentlich „Schnauze
des Pfluges" genannt wird.

Es fragt sich nun, wie sich die brittischen Formen mit *s*
und *h* (cymr. *swch* und *hwch*) zu einander verhalten. Es können
einheimische Parallelformen sein, da auch in andern echt keltischen Wörtern das anlautende *s* manchmal erhalten bleibt, so
in cymr. *sil* „Samen", *serch* „Liebe", *saith* „sieben" u. a. (s. Gramm.
Celt.[2] S. 120). Doch lässt sich auch annehmen, dass nur *hwch*
direct vom alten Worte stamme, *swch* „Pflugschaar" dagegen
durch die Römer eingeführt sei, die es von den festländischen
Kelten entlehnt hatten.

---

[1] Früher bedeutete cymr. *hwch* sowohl „Eber" als „Schwein"; s. Lhuyd,
Arch. Brit. S. 236.

Dieser Stamm *succo-* mag sich auf dem Festlande mit lat. *soccus* gemischt haben; daher das *ou* in frz. *souche*, das sich aus dem Letzteren nicht wohl erklärt.

sornette S. 680 u. 776.

Bret. *sorc'henn* f. „radotage, rêverie" scheint mir lautlich weit abzuliegen; es gehört vielleicht zu *soroc'h* m. „Grunzen, Murmeln, Murren". — Die ältere Bedeutung von cymr. *swrn* „ein Bisschen", auch „the fetlock-joint", scheint „kleiner Fleck, Winkel" zu sein; corn. *sorn* hat nur diese. In andern keltischen Dialecten finde ich das Wort nicht. Ob dasselbe mit einem der frz. *sorne* etwas zu thun hat, ist mir nicht klar.

tâche S. 683.

Gäl. *taisge taisy* „Pfand, Schatz", im Dict. Scoto-Celt. aus Macfarlane's *Paraphrases* citiert, gehört eher zum Verbum *taisg-* „niederlegen, aufbewahren", air. *do-faiscim*. — Cymr. *tasg* übersetzt Davies einfach mit „census".

Frz. *tâche* wird übrigens aus **taxica *tasca* entstanden sein, wie *tâcher* aus **taxicare *tascare*. Das einfache *taxare* ist ja zu *laisser* geworden.

tan S. 683.

Tann m. „Eiche" ist nicht auf das Bretonische beschränkt; es findet sich wieder in corn. *glas-tannen* gl. *quercus vel jllex*. Stokes vermuthet es ferner in dem nur in Glossaren belegten irischen Worte *omthann* (Cormac übers. S. 132); doch ist diess durchaus unsicher, da die Bedeutung von *omthann* nicht feststeht[1].

Da neben ahd. *tanna* „Tanne, Eiche" ndl. *den* „Tanno" steht, scheint die Entlehnung auf Seite des Keltischen stattgefunden zu haben. Die hochdeutsche Lautstufe des Anlauts ist befremdlich; man muss wohl Vermittlung des Romanischen annehmen.

tangoner S. 684.

Cymr. *tengyn* „obstinacy; tenacious, obstinate" (bei O. Pughe mit Beispielen belegt) scheint nicht verschieden vom veralteten *dengyn* in *dyn dengyn* „homo rusticus", vgl. comask. *tángan* „grob, plump". Zu *dengyn* stellt sich air. *daingen* „fest" neuir. *daingean* gäl. *daingeann dainnion* „firm, strong, unmovable, tight", Stamm *dangïno-*. Ob dieser Stamm mit mittellat. *tanganare* im

---

[1] Vgl. etwa *ûmhtha* f. „a corn kiln" auf den Hebriden (Dict. Scoto-Celt.). Neuir. gäl. lautet Letzteres *àth àtha*, Pl. *àthan àthannan*.

8

Zusammenhang steht, ist zweifelhaft, aber nicht unwahrscheinlich; denn auch das Mittelirische kennt Formen mit *t-*, vgl. *co
tangnai*, Glosse zu *co talci* „mit Festigkeit" *Calendar of Oeng.*
28. April.

targer S. 685.
Cymr. *tario* ist engl. *tarry*. Frz. *targer* und prov. *tarzar*
aus **tardiare*.

tas S. 686.
Der keltische Stamm *dass- das-*, der Verwandte des deutschen *tass-*, ist besprochen von Stokes, Zeitschr. f. vergl. Sprachf.
26, S. 432.

trape S. 690.
Cymr. *talp* neuir. *tarp* „Klumpen", die ein unkeltisches Aussehn haben, bedürfen selbst noch der Aufklärung. Vielleicht
zum romanischen *talp-*, der Nebenform von *tap-*; s. Diez S. 684
s. v. *tapir*.

trieu S. 692 u. 777.
Nach Schuchardt (Zeitschr. f. rom. Phil. IV, 125) weisen
prov. *trieu* fr. *triege* und eine ganze Reihe romanischer Wörter,
welche „Fusspfad" bedeuten, auf die Stämme *treg- trog-*; diese
vergleicht er mit ir. *traig* cymr. *troed* „Fuss" gall. *vertragus*
einerseits und gr. τρέχω andrerseits. Möglich, aber unsicher,
so lange in den neukeltischen Sprachen kein weiterer Beleg
sich findet. Ob cymr. corn. bret. *tro* „Wendung" hiebergehört,
ist trotz gr. τρόχος zweifelhaft. Man beachte, dass der gallische
Hund *ver-tragus*, nicht *-trogus*, heisst.

trimer S. 693.
Bret. *tremen tremenout* corn. *tremene tremenes* „durchgehn,
hinübergehn" ist ein Compositum von *tre-* „durch" und dem
Verbum *monet moñt* corn. *mones mos* „gehen", das als Simplex
nur den Infinitiv bildet (Gramm. Celt.[2] S. 906). Auch cymr.
tramwy „transire, frequentare, itare" zerlegt sich in *tra + mwy*,
dessen zweiter Bestandtheil mir nicht klar ist; zu lat. *trans-
meare trameare* stimmt der Vocalismus nicht recht.

trogne S. 693.
Das Verhältniss der Vocale von corn. *trein*, später *tron*,
und cymr. *trwyn* „Nase" ist nicht ganz klar. Letzteres kann
auf einen Stamm **trogn- *trŭgn-* zurückgehn. Auch eine altcymr. Form *trein* führt Lhuyd (S. 231[b]) aus *Taliesin* an.

trôler S. 693.

Cymr. *trwlio trolio* „rollen" kennt Davies nicht; es scheint eher aus dem englisch-romanischen Worte entlehnt als umgekehrt. Denn bei Herleitung von *tro* „Wendung, Drehung" macht das Suffix Schwierigkeit. Afr. *troller* wird aus *troller* entstanden sein und zu *trotter* gehören.

verne S. 697.

Irisch heisst die Erle *fern fernog*, corn. *gwern gwernen*. Diez fasst den Namen als „Sumpfbaum" auf Grund von cymr. *gwern* „Sumpf". Da aber alle Dialecte in der Bezeichnung der Erle übereinstimmen, ist die ursprünglichere Bedeutung von cymr. *gwern* „Erlengehölz, von Erlen bewachsener Ort" und erst die secundäre „sumpfiger Boden". Vgl. gall. *Vernodubrum* „Erlenwasser" *Plinius* III, 4.

Nachträge.

Zu S. 3. Mein Urteil über die cymrischen Lexica hätte ich weniger allgemein fassen sollen, da ich die in der Zeit zwischen Lhuyd (1707) und O. Pughe (1803) erschienenen nicht kenne.

Zu S. 63. Cymr. *gwyrlawd gweirlawd* (nur bei O. Pughe) sind wohl fehlerhafte Schreibungen für acymr. *gweirclaud* mcymr. *gweirglawd* ncymr. *gweirglodd*. Die Form *gwyr-* für *gweir-* steht also für das Cymrische nicht fest.

Zu S. 99. Cymr. *gwring-* kann ein Compositum sein von *gwr* + *gwingo* „to wriggle, to wince, to wink", vgl. S. 63 s. v. *ghignare*.

Index.

(Da ich bei der Besprechung der romanischen Wörter der Reihenfolge bei Diez genau gefolgt
bin, ist eine Aufzählung derselben unnötig; ich beschränke mich auf die keltischen.)

1. Irisch-Gälisch.

(m. = manx.)

adella- 34.
adfiadim 65.
áeb 69.
áes 55.
agaim 30.
aib 55.
áibind 55.
aicecht 16.
alg 32.
áimin aiminn 52.
aingcess 99.
áinicog ainicag 52.
áis 55.
aisc 105.
Alba Alpa 9.
am 55.
ámtha 113.
ances 99.
ancride 95.
andord 47.
angar 59.
anriad 76.
aoibh 55.
aolbhinn 55.
arggat arcat 8.
arnascim 35.
átha áth 113.
aunasc 38.

ba- 53.
nom-baad 53.
bac 39. 42.
bacach 39.

bacag 39.
bacaid 41.
bacal 41.
bacán 39.
bacat 41.
bacc 39. 45.
baccach 39.
baccat 41.
bach 41.
bachal 40.
bachall (Stab) 35. 40.
bachall (alter Schuh) 41.
bachallaim 40.
bachar 41.
bachlach 39.
bachlag (Schoss) 40.
bachlag (Locke) 40.
bacóg 39.
bacur (Drohung) 40.
bacur 41.
bádh 42.
báes 45.
bag 41. 42.
bagaid 40.
bagailt 40.
bagair- 40.
bagairt 40.
bagannta 41.
bagh 42.
baicead 41.
baigear 41.
báis 45.
báith 41. 42. 90.

balc 89.
banc 43.
baois 45.
baoth 41. 90.
bar bár 44.
barc 43.
barr 44.
bás 63.
bassaich- 63.
boag 40.
beann 90.
rom-bebe 63.
bec (Schnabel) 45.
becc bec (klein) 40. 73.
béccim 40.
béic- 40.
being 43.
beinse 43.
beithe beith 46.
benn 90.
beoir 46.
berbaim 47. 91.
berraim 90. 93.
beuc- 40.
biail 84.
bid 90.
bideach 90.
bidein 90.
binse 43.
bior 90.
biolar biolair 85.
bir 90.
biror 85.

bisi 71.
bláith 46.
bláth 46.
bleith 46.
bocc boc 91.
boccóit 40.
bocoidech 40.
bolc bolg 46.
borbhan 47.
borcc 49.
bord 47.
borgg 49.
bót 47.
brac 46.
bracand 48.
bracc 48.
braccaille 45.
brach- 92.
brágo brághad 50.
braich 92.
braigh- 92.
bráighe bráigh 50.
bráighid 50.
braigim 92.
braim bram 92.
bramuigh- 92.
bran 48.
brath 43.
breiu 92.
bri 49.
brig brígh 50.
brigis 48.
briogais briog'se 48.
briosg 94.
bris- 94.
brisc brisg 48. 94.
brissim 94.
broc (Burg) 49.
broce broc (Dachs) 50.
brócc 48.
brodunn 47.
brog (Ahle) 50.
brog (Burg) 49.
brój 48.
broim 92.
brón 98.
brossnai brosnae brosna
    51.

brot 47.
brú 94.
bruig 50.
brúigh- 95.
brúim 94.
bruis 51.
brúith- 95.
bruitne 47.
buden 91.
builg 46.
bun 83.
bunad 83.
bus 86.
busach 86.
busag 86.

cab 60.
cabaire 60.
cacht 16.
cae 54.
cai 54.
caimmse 51.
caipin 54.
cáith 48.
cala caladh 51.
calaich- 51.
calath 100.
cain 99.
camaiph 58.
camas 53.
camm 53.
cammaib 88.
camus 53.
caol 54.
car 54.
carach 54.
carpat 9.
carr 96.
carragh 96.
carric carraig 96.
carruigh 96.
cat 62.
cáth 48.
ceap 54.
ceàrdcha 54.
céim 52.
cerd 54.
cerddchae cerdcha 54.

cét 106.
cich 73.
Cinaed 104.
cioch 73.
cloc clog clag 95.
coca 55.
cóic cóig 71.
coleir colleir 104.
comar 55.
comót 85.
cométiud 85.
comhdaich- 85.
comméit 105.
conhualai 35.
conruala -lai -le 36.
m. coodee 85.
cop 59.
copadh 59.
copp 59.
cor 54.
corr 36. 112.
corthe 96.
crap- 64.
creag creig 96.
cretim 60.
crocan 97.
crochaim 97.
crogan 97.
cromm 102.
cruach 96.
cruachan 96.
crúaid cruaidh 83.
cruim 6.
Cruithentuath 6.
Cruithnig 6.
crup- 64.
cúach (Schale) 55.
cúach (Kukuk) 56.
cuid 71.
cúig 71.
cuit 71.

dag 56.
daiger 56.
daingen daingean dain-
    geann dainnion 113.
dais 114.
dearbh 23.

lepad 104.
liaig 84.
lige 66.
lingim 55. 56. 99.
log 66.
logaidhe 66.
loguide loguid 66.
lóid 103.

mac 2.
macán 2.
mág 67.
maide 107.
máile 67.
maite 107.
mála máladh 67.
mam 55.
mám 57.
már 106.
marla marl 107.
matan 107.
méanan 69.
meatag 67.
medg 108.
méid 105.
meidhg 108.
méin méinn (Miene) 69.
méin méinn (Mine) 67. 68.
méit 105. 106.
melim 46.
mén 69.
ménscailim 69.
meóg 108.
métither 106.
meud 105.
meug 108.
méunan 69.
mianach miannach 68.
uin 69.
miotag 67.
mláith 46.
mota 69.
mraich 92.
mrath 43.
mrugaib 50.
múchaim 108.
mut 67.

mútan 67.
mutóg 67.

nasc 35.
nascim 35.
nasg 35.
nett net nead 47.
nocht 44.

obenn 69.
oebind 88.
oem[enn] 69.
oinmit 56. 57.
oir 70.
óiph 88.
óis 88.
olann 59.
omthann 113.
or 70.
órd 52.
ordd 8.
ordnasc 35.
ort (ordo) 8.
ort (Hammer) 52.

paca 70.
pacaid 70.
pairc 70.
pata 71.
péatar 70.
peos 71.
pet pett 71.
pit 72.
poc 91.
poite poit 71.
pota 71.
pus 88.

-rad 76.
radán 75.
ráim 109.
arna-rala 34.
ráme 109.
rámha rámh 109.
rata 75.
recht 76.
-red 76.
réid réidh 78.

reubainn 77.
rian 110.
riadaim 76.
ribe rib 110. 111.
ribeach 110.
ribean 111.
ribcóg ribeag 110.
ribin ribín 110. 111.
ribinn 111.
rioba riob 110.
riobach 110.
riobag 110.
robainn 77.
roc (Fels) 77.
roc (Runzel) 77.
rolas rolasd 34.
ruibe 111.
ruibin 111.
ruisc 111.
rúun rúún 11.

sái 77.
sáibapstil 88.
salach 78.
scaraim 78.
scinglm 73.
scothaim 55.
seabhac seabhag 22 ff.
seasg 111.
sebocc 22 ff.
sechmoella- 34.
secht 16.
séiun scimh 78.
sciag 111.
sémigidir 78.
sémiec 78.
soobhag 22 ff.
serniu 57.
sesc 111.
soscen sescenn 111.
sethar 37.
sgath- 55.
sgoch 54.
sgoch- 54.
sgor 98.
sgot 79.
sgoth- 55.
sgúm 78.

síta síoda 79.
slat 66.
socc soc 112.
sod 83.
sodach 63.
sóibapstil 65.
soos 11.
sotal 83.
sothaire 53.
sotla sotli 63.
sruth 110.
stubh 79.
suag 79.
suagàn 79.
suaicean 79.
suaincadh 79.

súanem 79.
súas 11.
súgàn 79.
sutal 63.
suthan 63.

tacaid 60.
tagim 30. 32.
taic 60.
tàin 30. 34.
taisg- 113.
taisge taisg 113.
tamon 99.
tangnai 114.
taráchair 80.
tarathar taràthar 60.

tarp 114.
teg tech 88.
m. tharrar 60.
tòcht 81.
to-ella- 34.
tond tonn 87.
tora 80.
tothocht 61.
traig 114.
trían 37.
trúcairo 17.
tróg trúag 81.
tuath 10.
tuca 80.

m. yiarn 36.

2. Brittisch.

(cy. = cymrisch, co. = cornisch, b. = bretonisch, O. = Oxf. Gl.)

cy. achub 75.
b. acupet 75.
cy. agalen 100.
co. agolan 100.
b. aimseudeticad 85.
b. akot aked 30.
b. aketi 29.
b. alc'houeder -ez 29.
 107.
b. alc'houcz 29.
cy. amacth 31.
co. ancros 96.
b. aňk 85.
b. aozil 109.
cy. aphan 29.
b. arc'hant 9.
cy. arddu 89.
cy. ardwn 89.
b. argant 9.
cy. arian 9.
cy. armari 89.
cy. asgen 108. 109.
cy. asgenu 108.
cy. asglodyn 109.
b. ask 108. 109.
b. aska 108. 109.
b. askleudenn askloe-
 denn askledenn 109.

cy. bach (Haken) 39.
cy. bach (klein) 40.
b. bac'h 39.
co. bacho 39.
b. bac'hoin 39.
cy. baches 40. 42.
cy. bachgen 40.
cy. bachiad 39.
b. bac'hik 39.
cy. bachog 39.
cy. bachol 39.
cy. bachu 39.
b. bad 42.
co. bad 42.
cy. bad 45.
b. bada 42.
b. badaillat -oin 41.
b. badaouer 42.
b. badaoni 42.
b. bader 42.
co. badt 42.
co. badus 42.
O. bacl 84.
b. baelec 39.
b. bag 89.
cy. b. bagad 40.
co. bagas 40.
cy. bagl 38.

cy. baglog 39.
cy. baglor 38.
cy. bagwy 40.
co. bah 39.
b. bahaillat 41.
O. bahell 84.
cy. baich 40. 42.
b. bak 89.
b. balaen 89.
b. balan -ancnn 89.
b. balaznenn 89.
cy. balch 89.
b. balc'h 89.
cy. co. ban 90.
cy. banadl 89.
co. banal 89.
co. banathel 89.
b. banazl 89.
cy. banc 43.
co. bancan 43.
b. baňk 43.
co. bar 44.
cy. bar 44.
b. barad 43.
b. baradour 43.
b. baraillat 41.
b. barc 43.
b. barcot 44.

co. baren 44.
cy. bargod 43.
b. barr 44.
b. barronn 44.
cy. bas 45.
cy. basdardd 45.
co. basdhour 45.
b. bat 42.
cy. bat 45.
b. bataraz 107.
b. baz 45.
b. bazaillat 41.
b. beac'h 40. 42.
co. bean 40.
O. becol 40.
b. bec'h 40.
co. bechan 40.
b. bec'bek 40.
co. bedewon 46.
co. bedho 46.
cy. bedw bedwen 46.
b. beou beouenn 46.
b. beg 45.
co. b. begel 40.
b. begiat 40.
b. begil 40.
co. begy 40.
co. behan 40.
b. beiat 40.
cy. beichio (beladen) 40.
cy. beichio (brüllen) 40.
cy. beichiog 40.
b. bek 45.
cy. bele 90.
b. belek 39.
co. beler 55.
cy. ben 46.
b. benal 89.
co. benk 43.
cy. benyn 46.
b. beo beouenn 46.
cy. co. b. ber (Spiess) 90.
co. ber (kurz) 90.
cy. bera 44.
b. berc'h 90.
co. b. bern 44.
b. berr 90.
cy. berwi 91.

cy. beryn 44.
b. berz 90.
co. bes 91.
b. besou 91.
b. bez 91.
b. co. bezo 46.
b. bezou 91.
b. bezvenn 46.
co. b. hian 40.
b. bic'han 40.
cy. bidan 91.
cy. bidog 90.
b. bier 46.
co. b. bihan 40.
b. biorc'h 46.
b. birwi 91.
co. bis 91.
co. bisou 91.
b. bitat 90.
b. biz 91.
b. bizou bizeu 91.
cy. blawt blawd 46.
b. bled 46.
b. blenchou 49.
co. bles 46.
b. bleud 46.
b. bleun bleunenn 46.
b. bleunvenn 46.
b. bleut 46.
b. bleuzvenn 46.
b. blinchenn 49.
b. blod 46.
cy. blodau -euyn 46.
co. blodon 46.
cy. blodyn 46.
co. blot 46.
b. blot 46.
cy. co. boch (Wange) 40.
co. boch (Bock) 91.
b. boc'h 40.
b. bodiniou 91.
co. boell 54.
cy. bogel bogail 40.
cy. boglyn 40.
co. boh 40.
cy. bon 63.
b. bonal 89.
cy. bonedd 63.

cy. co. bord 47.
cy. bot 47.
cy. both 47.
cy. bothell 47.
b. bouc'h 91.
b. bouc'hal bouhal 85.
b. bourc'h 49.
b. bourz 47.
cy. b. brad 43.
cy. bradwr 43.
cy. bragal 92.
b. bragez -gou 46.
cy. bragu 92.
cy. braich 48.
cy. braint 49.
cy. co. bram 92.
b. bramm 92.
b. bramma 92.
co. brammo 92.
b. brammet -oin 92.
cy. brammu 92.
cy. bran 48.
co. bras 43.
b. brat 43.
cy. brath 47.
co. brathcy 47.
cy. brathu 47.
cy. bratwr 43.
cy. brau 92. 95.
cy. braw 48. 92.
cy. brawch 92.
cy. co. b. bre 49.
b. breac'h breo'h 48.
co. broch 48.
b. brec'hagn 93.
cy. breonhin 49.
cy. breg 93.
b. breiz broic'h 6.
cy. brenin 49.
b. brenn (Kleie) 48.
b. brenn (Binsen) 51.
co. brontyn 49.
b. bresa 94.
b. bresk 48. 94.
co. brethon 6.
b. broton bretoun 6.
cy. brouawd 92.
cy. breuol 92.

b. breva brevi 95.
co. brew 95.
co. brewy 95.
cy. bri 50.
b. brien -enenn 95.
cy. brig 49. 50.
co. brigyn 49.
cy. briw 48. 94. 95.
cy. briwo 95.
cy. co. b. bro 50.
cy. co. broch 50.
b. broc'h 50.
cy. brodio 47.
b. broenn 51.
cy. broes 51.
co. bronnen 51.
co. bros 47.
cy. brou 92.
co. brouann 51.
b. broud 47.
cy. co. bru 94.
b. brug bruk 94.
co. brunnen 51.
co. brwg 94.
cy. brwyd 47.
cy. brwyn (Binsen) 51.
cy. brwyn (Schmerz) 98.
cy. brwysol 51.
cy. bry 49.
co. bry 50.
cy. brygawthon 99.
cy. co. bryn 44. 49.
co. bryntyn 49.
cy. brysg 48.
cy. brython 6.
cy. bus 86.
cy. bweh 91.
cy. bwel 41.
cy. bwrch 49.
cy. bwrdd 47.
cy. bwyall 84.
cy. bwyell 85.
cy. bychan 40.
cy. bychod 40.
cy. byddin 91.
cy. bygwl 40.
cy. bygwth 40.
cy. bygylu 40.

cy. bygythio 40.
cy. byrr byr 90.
cy. co. bys 91.

cy. cab 53.
cy. caban 53.
cy. cael 62.
cy. co. caeth 16.
cy. cafael caffael 62.
cy. cafn 55.
co. caid 16.
O. caiou 54.
co. cala 86.
cy. calaf 86.
co. calas 100.
cy. caled 100.
cy. calen 100.
co. cales 100.
cy. callestr 95.
co. calys 100.
cy. co. cam (Schritt) 52.
cy. cam (Unrecht) 99.
cy. caman 52.
cy. cameg 103.
co. cammen 52.
cy. camog 103.
co. cams 51.
cy. camse 51.
cy. cant (Reif) 53.
cy. cant (hundert) 106.
cy. cantel -ell 53.
cy. canu 101.
cy. cap 53.
co. capa 53.
cy. capan 53.
cy. careg 96.
co. carrag 96.
cy. carrocc 96.
cy. co. cath 62.
cy. cawg 55.
cy. collt 95.
O. cemmein 52.
co. commyn 105.
cy. cerbyd 9.
b. cerpit 9.
b. c'hoar 37.
b. c'houeder 107.
b. c'hoer 37.

cy. chwaer 37.
cy. chwlorydd 37.
cy. chwyf 96.
cy. chwyfio 96.
cy. cibyn 10.
cy. co. cig 73.
cy. cilfach 39.
cy. cls 54.
cy. cisio 54.
cy. clamp 95.
cy. clap 95.
cy. clo 101.
cy. co. cloch 95.
cy. cloig 101.
cy. cloigen 101.
co. coc 55.
b. codioc'h 87.
cy. co. cog 56.
cy. colfach 39.
b. colouenn 88.
co. combrican 55.
cy. compawd -od 56.
cy. craff 64.
cy. crafu 64.
cy. craig 96.
cy. crap 64.
co. cregy 96.
co. cres 98. 99.
co. croc 96.
cy. crochan 97.
cy. crog 96.
cy. co. crogi 96.
co. crom 102.
cy. cropa 64.
co. cruc 97.
cy. crug crugyn 96.
cy. crwc 97.
cy. crwg 97.
cy. crwm 102.
cy. crwybr 58.
cy. cuddio 85.
co. cudho 85.
cy. cwcb 55.
cy. cwm 55.
cy. cwmp 55.
cy. cwmpas 55.
cy. cwmpawd 56.
cy. cwrdd 62.

cy. cwybr 58.
cy. cychwyfan 96.
cy. cychwyfiad 96.
cy. cyffwrdd 62.
cy. cyfraith 76.
cy. cyhudd 85.
cy. cyhwfan 96.
cy. cyhwrdd 82.
cy. cymmaint 105.
co. cymmys 105.

cy. dadloithio 56.
co. darn 97.
b. darouedarvouod 97.
cy. das 114.
cy. delaf 34.
cy. dengyn 113.
b. dere'hould 97.
b. dervoed 97.
cy. din 10.
b. dir 10.
cy. dorlawd 97.
b. dorlò 97.
cy. b. dorlota 97.
cy. draig 10.
b. draill 97.
b. drailla 98.
cy. drel drelyn 98.
b. dru 58.
b. druc'honi 58.
cy. drud 57. 58.
co. druth 57.
b. druz 58.
b. druzoni 58.
cy. drych 75.
cy. dryll 98.
cy. drylliaw -io 98.
cy. drythyll 57.
cy. dwrdd 47. 79.
cy. dysgarthu' 78.

b. ec'houeder -ez 29. 107.
cy. eglwys 38.
cy. chedydd 107.
co. ehidit 107.
cy. claf 34.
co. ellen 34.
b. embouda 99.

b. emboudenn 99.
b. encres 98.
b. enkrez 98.
co. ewidit 107.

b. falc'hun falc'hon fal-c'han 59.
co. falhun 59.
cy. ffald 99.
cy. ffel 59.
cy. ffelwnyaeth 59.
cy. ffeutur 70.
cy. fflaag 59.
cy. ffrec ffreg 99.
cy. ffrogod 99.
cy. ffrwd 110.
cy. ffur 60.
cy. ffured 60.
b. fiñval fiñva 96.
b. fringa -al 99.
co. frot 110.
b. froud 110.
cy. fry 49.
b. co. fur 60.

b. gadal -alez 101.
b. gadelez 101.
cy. gacaf 37.
cy. gaem 37.
cy. gafael 62.
cy. gafl 63.
cy. gaflach 63.
cy. gaflog 63.
b. gal 100.
co. gallon 61.
b. galloud 61.
cy. gallu 61.
co. gally 61.
b. gaol 63.
co. gar 62.
b. garan (Zarge) 62.
cy. co. b. garan (Kranich)
cy. gardd 63.   [36.
b. garlañtez 63.
cy. co. b. garm 100.
cy. garr 62.
cy. co. garth 63.
b. garz 63.

cy. gauaf 37.
h. gaved 64.
co. gavel 62.
b. gavl 63.
b. gavlin 64.
b. gavlod 64.
cy. gayaf 37.
b. geid geiz 103.
b. geltr 102.
cy. glafoor 100.
cy. co. b. glan (rein) 100.
co. glan (Wolle) 59.
b. glaour 100.
co. glastannen 113.
b. gloan 59.
cy. glofoer 100.
co. gluan 59.
cy. glyfoer 100.
b. goaf 37.
b. goañv goañ 37.
b. goap 60.
b. goapaat 60.
b. goapauz 60.
b. goar 62.
b. goara 83.
b. goaz 82.
h. gobilin 101.
b. goolann 101.
cy. gog 101.
cy. gogan 101.
cy. goganu 101.
h. goge 101.
b. gogea 101.
cy. gogledd 61.
cy. gordd 82.
cy. gorwydd 70.
b. gouiañ 37.
b. gourenn 64.
b. gouriz 47.
b. gourrenn 64.
co. goydh 62.
co. goyf 37.
cy. grabin 102.
b. grae 102.
cy. gracan 37.
cy. grafel 102.
cy. gralan 37.
cy. b. grann 64.

cy. parwg 70.
b. pemp 71.
cy. perth 90.
cy. co. peth 70. 71.
b. pez 70.
cy. plcell 73.
cy. picio 73.
b. pldenn 74.
co. pidn 74.
cy. pidyn 74.
cy. pig 72. 73.
co. piga 73.
b. plgell 73.
cy. piglaw 73.
cy. pįgo 73.
co. pigol 73.
cy. pigwlaw 73.
cy. pigwrn 73.
O. plmp 71.
cy. pine pincen (Spross) 73.
cy. pine pincyn (Fink) 73.
b. plnt 73.
cy. plt 74.
cy. pitan 74.
cy. pltw 74.
b. pod 74.
cy. poer 100.
cy. co. b. pot 74.
cy. pothan 74.
cy. pothell 47. 74.
b. pont 74.
cy. pregawthon 99.
cy. pregeth 99.
co. pregoth 99.
b. prezeg -ek 99.
cy. pric 87.
cy. Prydain -yn -ein 6.
cy. pryf 6.
cy. pmmp 71.
cy. pwdn 74.
co pymp 71.

b. quizel 54.

b. raz rac'h 75.
b. rec 74.

b. rega 75. 110.
b. reiz 76.
b. renff 109.
co. rev 109.
cy. rhaith 76.
cy. rhawden 110.
cy. rhib rhlbin 110.
cy. rhig 109.
cy. rhigol 109.
cy. rhin 110.
cy. rhisg rhisgl 111.
cy. rhod 110.
cy. rhodio 110.
cy. rhodle 110.
cy. rhummen 97.
cy. rhwg 77.
cy. rhwydd 76.
cy. rhwyddan 76.
cy. rhwyf 109.
cy. rhycb 74. 75.
cy. rhyd 75.
cy. rhymmen 87.
b. riolenn 110.
co. risc 111.
O. rit 75.
b. roc'h 77.
cy. rodyaw 110.
b. roeñv roev 109.
b. roez 76.
b. roriesetl 74.
b. ruban 111.
co. ruif 109.
co. rusc 111.
b. rusk ruskenu 111.
b. ruskl 111.
cy. -rwydd 76.
cy. ryt 75.

cy. b. sae 77.
cy. saith 16. 112.
cy. sarff 79.
cy. sarn 87.
cy. sarnu 87.
co. scoul 98.
cy. serch 112.
cy. sidan 79.
cy. sil 112.
cy. sim 111.

co. sim 111.
cy. simach 111.
cy. simer 111.
cy. simera 111.
cy. simnai -ne 111.
b. skar 78.
b. skarra 78.
b. skarz 78.
b. skarza 78.
b. skop 58.
b. skopadenn 58.
b. skopat 58.
b. skopein 58.
b. skoper 58.
b. skopour 58.
b. skoul 98.
b. skoulat 98.
co. soch 112.
b. soc'h 112.
b. sorc'henn 113.
cy. sori 79.
co. sorn 113.
b. soroc'h 113.
co. sorry 79.
b. sot 83.
b. sone'h 112.
b. sug 79.
cy. swch 112.
cy. swrn 113.
cy. syg 79.

b. tach 80.
b. tacha -ein 80.
b. talar -er 80.
cy. talp 114.
co. cy. tam 80. 99.
b. tamm 80.
b. tamoez -ouez 80.
b. tamoezenn 80.
b. tann 114.
co. tarad 80.
cy. taradr -dyr 80.
b. tarar 80.
O. tarater 80.
b. tarazr 80.
co. tardar 80.
cy. tardd 45.
cy. tarddawl 97.

www.ingramcontent.com/pod-product-compliance
Lightning Source LLC
Chambersburg PA
CBHW030608270326
41927CB00007B/1100